Caramurus negros

Caramurus negros

A revolta dos escravos de Carrancas
Minas Gerais (1833)

Marcos Ferreira de Andrade (ORG.)

Chão

CHÃO EDITORA
EDITORA Marta Garcia
EDITOR-EXECUTIVO Carlos A. Inada

CAPA, PROJETO GRÁFICO E DIAGRAMAÇÃO Mayumi Okuyama
PREPARAÇÃO Ana Maria Alvares
REVISÃO Carlos A. Inada e Cláudia Cantarin
PESQUISA ICONOGRÁFICA Marcos Ferreira de Andrade e Erica Fujito
PRODUÇÃO GRÁFICA E TRATAMENTO DE IMAGENS Jorge Bastos
MAPA Sônia Vaz

DADOS INTERNACIONAIS DE CATALOGAÇÃO NA PUBLICAÇÃO (CIP)
(CÂMARA BRASILEIRA DO LIVRO, SP, BRASIL)

Caramurus negros : a revolta dos escravos de Carrancas :
Minas Gerais (1833) / Marcos Ferreira de Andrade (org.). –
São Paulo : Chão Editora, 2025.

Bibliografia.
ISBN 978-65-80341-38-2

1. Escravidão – Brasil – História 2. Insurreições de escravos –
Minas Gerais (Estado) I. Andrade, Marcos Ferreira de.

25-268277 CDD-981

Índices para catálogo sistemático
1. Escravidão : Brasil : História 981
Eliete Marques da Silva – Bibliotecária – CRB-8/9380

Grafia atualizada segundo as regras do Acordo Ortográfico da Língua Portuguesa (1990), em vigor no Brasil desde 1.º de janeiro de 2009.

chão editora ltda.

Avenida Vieira de Carvalho, 40 — cj. 2
CEP 01210-010 — São Paulo — SP
Tel +55 11 3032-3726
editora@chaoeditora.com.br | www.chaoeditora.com.br

Sumário

terreiro e batia n

para ella e eu

Os Jesus não conta

Os carameniis, p

gora os Caran

os Carameni

Tudo, e mais na

costumes, e eu

sabia ler hum

o seu pensamen

Ardeo com o seu n

proi do menina

nunca foi quem

n pontos dizendo =

mfrancamente =

não a fallar nos

ois com Educação a

eiros, nós somos

vamos a arrazar

tirre, e um dos

dizer que não

crever e assigna

o dito Manoel

nome Antonio di

lhe foi lido por

Antonio Silva

Apresentação

Em 1842, o cônego e deputado José Antônio Marinho fez um relato apaixonado da luta dos liberais mineiros contra o Governo central do Império, depois das eleições conflituosas daquele ano. "Quando alguns legalistas, achando-se nos maiores apuros na província de Minas, souberam que o Governo-Geral lhes mandara um socorro de cassanges e moçambiques, compreenderam (bem que muito pouco) que era um rasgo de alta política armar contra seus senhores a escravatura dos insurgentes." Seu argumento destacou a estratégia, por vezes arriscada, mas também comum por parte das elites, de instrumentalizar os cativos em suas disputas de poder. Mas o autor registrou mais. Disse textualmente que a família Junqueira tinha sido novamente ameaçada e lembrada dos trágicos fatos ocorridos nove anos antes. "Já em 1833 havia tido esse partido uma tão infernal ideia, e a família Junqueira foi quase toda massacrada pelos escravos, que em uma das fazendas não deixaram vivo nenhum menino de peito." E que existiam "*nos cartórios da cidade de S. João d'El-Rei provas irrefragáveis* [...] *de que essa catástrofe fora promovida pelos facciosos de 1833*".[1]

A Revolta de Carrancas — que resultou na morte de 33 pessoas, sendo 21 escravos e 9 membros da família Junqueira, 1 agregado e 2 "pessoas de cor" — foi a insurreição escrava mais dramática e sangrenta da história do Sudeste durante o Brasil Império. Meu contato com esse evento histórico impressionante teve início em 1992, ou seja, um século e meio depois do registro deixado pelo cônego José Antônio Marinho. Até esse momento, os arquivos judiciais de São João del-Rei estavam em poder do Museu Regional da cidade e o seu conteúdo era praticamente desconhecido dos historiadores. E foi a partir de um projeto seminal de pesquisa e catalogação de processos criminais — desenvolvido por uma equipe de professores e alunos da antiga Fundação de Ensino Superior de São João del-Rei (Funrei), atual Universidade Federal de São João del-Rei (UFSJ)[2] — da qual eu também fazia parte —, que me iniciei no aprendizado da produção do conhecimento histórico e pude travar contato com a riqueza das fontes judiciais, particularmente com o processo-crime relativo à revolta dos escravos de Carrancas, como a denominei mais tarde. Cabe ressaltar a importância e os resultados desse projeto, pois permitiu não só a ampliação do conhecimento do passado escravista da região pertencente à antiga comarca do Rio das Mortes, como também a constituição do Laboratório de Conservação e Pesquisa Documental (Labdoc),[3] e, posteriormente, a abertura dos cursos de graduação e pós-graduação em história da UFSJ em 2002 e 2008, respectivamente.

Em relação ao referido documento, foi necessário um trabalho lento de transcrição paleográfica de um processo-crime de mais de quatrocentas folhas manuscritas (frente e verso). A partir de uma leitura preliminar dos autos, percebemos que estávamos diante de um documento da mais alta importância para a história da luta pela liberdade e da resistência escrava, que alguns anos depois iria adquirir o status de documento-monumento.

Meu interesse por esse documento foi imediato. Obtive total apoio dos professores coordenadores do projeto e me propus a investigá-lo no mestrado, numa perspectiva mais ampla, ao considerar a rebeldia escrava no contexto de formação do Estado nacional brasileiro, no período das regências (1831-40). A dissertação foi concluída em 1996 e, em 1999, publiquei o primeiro artigo sobre a Revolta de Carrancas, na revista *Afro-Ásia*, de Salvador.[4]

Esse breve histórico do meu contato com a documentação pretende situar o leitor nos difíceis caminhos da pesquisa histórica e dos trabalhos de catalogação dos acervos, atividades que devem ser desenvolvidas continuamente, para que o nosso passado possa ser sempre revisitado e analisado. Cabe destacar ainda o papel desempenhado pela universidade pública na produção e divulgação do conhecimento científico, sobretudo quando há uma descentralização dessa produção nas cidades do interior.

Talvez isso explique, em parte, o desconhecimento da revolta dos escravos de Carrancas na historiografia ao longo de boa parte do século XX, embora já em 1913, em uma edição da revista do Arquivo Público Mineiro, tenha sido publicada uma coletânea de documentos sobre a Sedição Militar de 1833 na qual havia uma correspondência do juiz de paz de Baependi, escrita no calor dos acontecimentos, que trazia detalhes da insurreição e da repressão aos escravos rebeldes.[5] Também é preciso considerar que a profissionalização da área de história é um fenômeno que se intensificou a partir do final da década de 1970 e, sobretudo, na de 1980. Os 21 anos de ditadura militar foram tenebrosos. Ainda que houvesse resistências no meio acadêmico, o desmantelamento, a perseguição e a censura nas universidades resultaram em perdas irreparáveis para a produção científica, sobretudo na área das ciências humanas. Quando se iniciou o processo de redemocratização no país, houve um crescimento dos programas de pós-graduação em história e o passado escravista pôde ser revisitado, mormente no centenário da Abolição.

Como se trata de um processo-crime com muitas páginas, privilegiei partes que possam oferecer ao leitor as múltiplas vozes possíveis de depreender dos autos.[6] Isso exige uma leitura rigorosa do documento, daquilo que pode estar contido nas entrelinhas dos textos registrados pelos autores da queixa, pelas autoridades judiciárias, por escrivães, réus e testemunhas, mas também uma leitura dos esquecimentos, propositais ou não.[7]

No posfácio, o leitor perceberá que procuro tratar do tema em toda a sua complexidade. De início, analiso como as elites regionais e o próprio Estado imperial lidaram com a rebeldia dos insurgentes, resultando na maior condenação coletiva da história do Império brasileiro de que se tem notícia. Destaco ainda o protagonismo político dos escravos rebelados ao se apropriarem de uma das identidades políticas em disputa e se autodenominarem caramurus. Por fim, e não menos importante, atento para as hierarquias e disputas entre os escravos que foram fundamentais para a organização e o sucesso da revolta, mas que também contribuíram para o seu fim.

Acredito que a história de uma insurreição escrava, embora o que inicialmente transpareça sejam os aspectos relativos à violência e à tragicidade da escravidão, deva ser, antes de tudo, uma janela para compreender como uma sociedade escravista estava estruturada. A década de 1830 foi marcada por uma conjuntura política tensa, de intensificação da escravidão, reforçada pela renovação constante das escravarias a partir do tráfico atlântico de cativos, de constituição das bases do Estado nacional brasileiro e de intensos conflitos e repressão militar, sobretudo em relação à população subalterna. Convido o leitor a embarcar nessa história e assim conhecer um pouco do passado escravista de nosso país, notadamente na parte sul da antiga comarca do Rio das Mortes, em Minas Gerais. O leitor poderá também constatar como essa história atravessou os séculos por meio de uma memória oral que remete à violência senhorial.

Portanto, trazer à tona parte da história e das lutas de personagens como Ventura Mina, André Crioulo, Antônio Benguela, Joaquim Mina, Antônio Rezende e tantos outros que os acompanharam (incluindo mulheres e crianças), mesmo que na condição de réus e autores de crimes, nos permite compreender o cotidiano da escravidão, as relações que essas pessoas estabeleciam, as alianças, as hierarquias e as disputas na vivência em cativeiro e, em especial, os sonhos e projetos de liberdade que acalentavam. Ainda que pudessem imaginar ou soubessem das graves consequências de participar de uma insurreição e tenham sido derrotados e punidos de forma exemplar no final, os audazes e destemidos "caramurus negros" colocaram em prática seus projetos de liberdade no dia 13 de maio de 1833 e, assim, entraram para a história.

Marcos Ferreira de Andrade

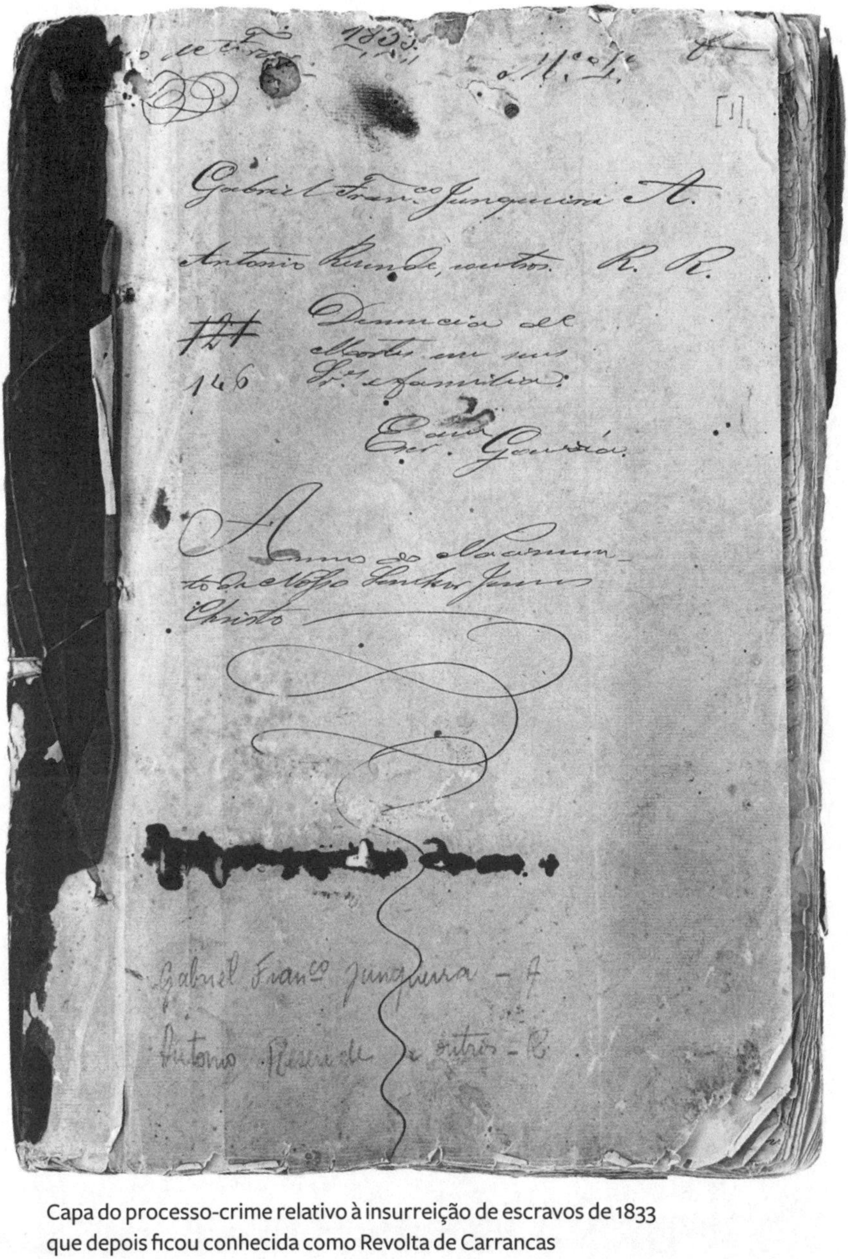

Capa do processo-crime relativo à insurreição de escravos de 1833 que depois ficou conhecida como Revolta de Carrancas

Processo-crime — revolta dos escravos de Carrancas

Gabriel Francisco Junqueira e Gabriel José Junqueira — autores
Antônio Rezende e outros — réus
Denúncia de mortes em seus senhores e familiares
Local: curato de São Tomé das Letras, freguesia de Carrancas
Data: 13 maio 1833

PETIÇÕES E TERMOS DE ACUSAÇÕES 3

Passado no dia 11 de novembro de 1833

Diz Gabriel Francisco Junqueira que, na devassa que retirou pela morte de seu filho Gabriel Francisco de Andrade Junqueira, saíram pronunciados a prisão e livramento, Francisco Silvério Teixeira, o vigário Joaquim José Lobo e porque o suplicante os quer acusar, e ser parte, requer a V. S.ª lhe mande tomar termo competente passando-se depois precatória dirigida [...] ao juiz de paz da vila da Campanha da Princesa ou de outra qualquer autoridade judiciária a que tenha competido a remessa do dito Silvério para o fazer remeter a esta vila com a maior brevidade possível, a fim de ser acusado e julgado na presente sessão dos jurados, visto ser este distrito da culpa,

e igualmente o da escolha do suplicante queixoso, na conformidade do § 3.º — artigo 160 do Código do Processo, visto debaixo da sua maior responsabilidade.
[Ilegível]

3v **TERMO DE ACUSAÇÃO DA PARTE ACUSADORA**

Aos onze dias do mês de novembro do ano de mil oitocentos e trinta e três, nesta vila de São João del-Rei, Minas e comarca do Rio das Mortes, na sala das sessões dos jurados, onde eu escrivão me achava, junto com o dr. Gabriel Mendes dos Santos, juiz de direito, presidente dos mesmos jurados, aí compareceu presente o suplicante Gabriel Francisco Junqueira, que reconheço pelo próprio de que trato e dou fé, e por ele foi dito ao mesmo ministro que por este termo declarava querer ser parte e acusar a todos os réus constantes da petição retro, visto na presente sessão, cujos réus os havia por declarados, e recebido por ele ministro esta declaração, na forma da mesma petição que ficava servindo de parte essencial deste termo e que se assina com o mesmo acusante, de que para constar fiz este termo, eu, Joaquim Antônio de Gouveia, escrivão da primeira reunião do júri, que o escrevi.

Gabriel Francisco Junqueira
Santos

Dizem Gabriel Francisco Junqueira e Gabriel José Junqueira 4
que na devassa que retirou pela insurreição feita pela escra-
vatura das fazendas de Campo Alegre e Bela Cruz, bem como
pelo bárbaro e horroroso assassinato cometido no irmão,
sobrinhos e cunhada do primeiro suplicante, o pai, mãe, ir-
mãos e sobrinhos do segundo, saíram pronunciados a prisão
e livramento Francisco Silvério Teixeira, o vigário Joaquim
José Lobo, e grande parte da mesma escravatura cujos nomes
se acham indicados na sentença de pronúncia e porque os su-
plicantes querem acusar aos ditos delinquentes na presente
sessão dos jurados, requerem a V. S.ª lhe mande tomar termo
de parte [de] acusação, passando-se depois precatória especial
dirigida ao juiz de paz da vila da Campanha da Princesa, em
geral para toda e qualquer autoridade judiciária a quem com-
pete a remessa daquele Silvério que aí se acha preso a fim de
o remeter quanto antes [à] vila para ser acusado e julgado na 4v
mesma sessão, visto ser o distrito da culpa o desta vila e terem
os suplicantes a escolha na conformidade do § 3.º — artigo 160
do Código do Processo, visto debaixo da maior responsabi-
lidade das mesmas autoridades deprecadas, portanto

Para V. S.ª seja servido de assim o haver por bem

Como pedem

São João, 11 de novembro de 1833

Santos

TERMO DE ACUSAÇÃO DA PARTE ACUSADORA

Aos onze dias do mês de novembro do ano de mil oitocentos e trinta e três, nesta vila de São João del-Rei, Minas e comarca do Rio das Mortes, na sala das sessões dos jurados, onde eu escrivão me achava, junto com o dr. Gabriel Mendes dos Santos, juiz de direito, presidente dos mesmos jurados, aí compareceram presentes os suplicantes Gabriel Francisco Junqueira e Gabriel José Junqueira, que os reconheço pelos próprios de que trato e dou fé, e por eles foi dito ao mesmo ministro que pelo presente termo declaravam quererem ser partes e acusar a todos os réus constantes da petição retro, na presente sessão, cujos réus os haviam por declarados, e recebida por ele ministro esta declaração na forma da mesma petição que ficava servindo de parte essencial deste termo, aqui se assina com os mesmos acusantes, de que para constar faço este termo, eu, Joaquim Antônio de Gouveia, escrivão do júri que o escrevi.

Gabriel Francisco Junqueira
Gabriel José Junqueira
Santos

DEVASSA

Devassa a que mandou proceder o doutor ouvidor e corre- 8
gedor desta comarca Manoel Machado Nunes pela insurreição dos escravos da[s] fazenda[s] de Bela Cruz e Campo Alegre e assassínios de seus senhores José Francisco Junqueira e sua mulher Antônia Maria de Jesus e Manoel José da Costa e sua mulher d. Emiliana Francisca Junqueira e seus filhos José e Maria, d. Ana Cândida da Costa, viúva de Francisco José Junqueira e Antônia, filha de Manoel Vilela, todos moradores na Fazenda de Bela Cruz curato da Serra das Letras, termo desta vila.

escrivão Gouveia

Ano do nascimento de Nosso Senhor Jesus Cristo de mil oitocentos e trinta e três, décimo segundo da Independência do Império do Brasil, aos três de junho deste ano nesta vila de São João del-Rei, Minas e comarca do Rio das Mortes, em casas da residência do dr. Manoel Machado Nunes, juiz de fora e órfãos desta dita vila e seu termo servindo interinamente de ouvidor-geral e corregedor desta comarca, com alçada no cível e crime, onde eu escrivão adiante nomeado me achava e sendo aí por ele ministro, me foi dito que sua notícia havia chegado que no dia treze do mês de

maio próximo passado do corrente ano, por efeito de uma
8v insurreição de escravos que teve princípio na Fazenda de Campo Alegre, freguesia de Carrancas deste termo, haviam sido assassinados, bárbara e cruelmente, José Francisco Junqueira e sua mulher, d. Antônia Maria de Jesus, Manoel José da Costa e sua mulher, d. Emiliana Francisca Junqueira, e seus filhos José, de idade de cinco anos, e Maria, de idade de dois meses, d. Ana Cândida Costa, viúva de Francisco José Junqueira, e Antônia, filha legítima de Manoel Vilela, de idade de quatro anos, todos moradores na Fazenda de Bela Cruz da mesma freguesia de Carrancas, sendo todos mortos com paus, foices, machados e mesmo armas de fogo, entregando-me o mesmo ministro o auto de corpo de delito indireto feito pelo juiz de paz do curato de Campo Belo, Manoel Joaquim Álvares, e como o caso era de devassa, na forma da lei, me determinou. Fiz este auto para por ele serem inquiridas e perguntadas [as] testemunhas, para servir no conhecimento de quem seja o delinquente ou delinquentes, a fim de serem punidos conforme as leis do Império e suas extravagantes, para emenda própria [e] exemplo de outros, e satisfação ao público, ao que satisfiz lavrando o presente auto, que ele ministro o houve por recebido e adiante junto o declarado auto de corpo de delito indireto e mais documentos que me foram entregues pelo dito ministro que tudo é o que segue. Para constar faço este auto,

eu Joaquim Antônio de Gouveia, escrivão das execuções cíveis e nomeado, o escrevi e assino.

Machado

Joaquim Antônio de Gouveia

AUTO DE CORPO DE DELITO INDIRETO

Auto de corpo de delito indireto a que mandou proceder o 9
juiz de paz de São Bento de Campo Belo, pelos assassinatos cometidos nas pessoas de José Francisco Junqueira, sua mulher, d. Antônia Maria de Jesus, Manoel José da Costa e sua mulher, d. Emiliana Francisca Junqueira, e seus filhos José, de idade de cinco anos, e Maria, de idade de dois meses, d. Ana Cândida da Costa, viúva de Francisco José Junqueira, e Antônia, filha legítima de Manoel Vilela, de idade quatro anos, todos moradores na Fazenda de Bela Cruz, do curato da Serra das Letras deste termo.

Ano do nascimento de Nosso Senhor Jesus Cristo de mil oitocentos e trinta e três, décimo segundo da Independência do Império, aos vinte e cinco dias do mês de maio do dito ano, neste curato de São Bento de Campo Belo, freguesia de Carrancas, termo da vila de São João del-Rei, comarca do Rio das Mortes, em as casas do juiz de paz do mesmo curato, Manoel Joaquim Álvares, onde eu, escrivão juramentado abaixo

nomeado e assinado me achava, e sendo aí pelo juiz me foi dito
que a sua notícia tinha chegado que no dia treze do corrente
mês foram assassinados e mortos na Fazenda de Bela Cruz,
no curato da Serra das Letras, José Francisco Junqueira e sua
mulher, d. Antônia Maria de Jesus, Manoel José da Costa e
sua mulher, d. Emiliana Francisca Junqueira, e seus filhos José,
de idade de cinco anos, e Maria, de idade dois meses, d. Ana
Cândida da Costa, viúva de Francisco José Junqueira, e Antô-
9v nia, filha legítima de Manoel Vilela, de idade de quatro anos, e
que foram sepultados no dia quinze do corrente no cemitério
da Capela da Serra das Letras, cujos atentados foram cometi-
dos por escravos de Gabriel Francisco Junqueira e dos mesmos
finados, por ocasião da insurreição que aí rebentou no dia
treze deste mês, e que não estando provido aquele curato de
autoridade competente para conhecer deste delito, em razão
de ser falecido o respectivo juiz de paz, e não ter posse e jura-
mento o suplente mais votado pelo mesmo curato, Antônio
Glauceste Junqueira. Na forma da lei, a ele juiz competia o
conhecimento deste fato. E porque se não procedesse ao com-
petente auto de corpo de delito nas pessoas dos ditos finados,
passava ele juiz a proceder indiretamente por testemunhas
que dessa ordem se achavam presentes, que são as seguintes:
João Batista da Fonseca, Francisco de Borja Galdino da Fon-
seca e Manoel Antônio do Pilar, moradores no arraial da Ser-
ra das Letras, e de mim reconhecidos pelos próprios de que

trato e dou fé, e sendo-lhes pelo juiz deferido o juramento dos santos evangelhos em um livro deles, sob cargo do qual lhes encarregou jurassem a verdade do que soubessem e lhes fosse perguntado, e sendo por eles recebido o dito juramento, assim o prometeram fazer e dos costumes disseram nada. E perguntado pelo juiz as ditas testemunhas pelo conteúdo neste auto, uniformemente disseram que sabem pelo ver que os finados José Francisco Junqueira e sua mulher, d. Antônia Maria de Jesus, Manoel José da Costa e sua mulher, Emiliana Francisca Junqueira, e seus filhos José, de idade de cinco anos, e Maria, de idade de dois meses, d. Ana Cândida da Costa e Antônia, filha legítima de Manoel Vilela, de idade de quatro anos, foram atrozmente assassinados e mortos no dia treze do corrente, pelas seis horas da tarde, na própria casa do finado José Francisco Junqueira, onde fizeram aos assassinados as feridas seguintes, a saber, o finado José Francisco Junqueira se achou com um tiro de arma de fogo no peito, no lado direito de cuja parte se achava fraturado o braço, logo acima do punho, e outro tiro na boca que mostrava ser dado muito de perto que lhe desmanchou o rosto, que lhe esmagou o rosto, deixando uma grande concavidade. D. Antônia Maria de Jesus, mulher do dito, se achou em toda a cabeça e rosto imensas feridas que eles testemunhas não puderam contar, com couro e carne cortada de que houve grande efusão de sangue, cujas feridas mostravam ser feitas com instrumentos cortantes, assim de que da cinta[tura] para baixo se achava muito ensanguentada, o que eles testemunhas por modéstia se não atreveram a examinar. Manoel José da Costa se achou com uma grande ferida sobre o olho da parte esquerda, com couro e carne cortada do comprimento de quatro a cinco polegadas, além de outras muitas feridas pelo rosto que todas mostravam ser feitas com instrumento cortante, além de um tiro de arma de fogo no peito.

D. Emiliana Francisca Junqueira se achava com um grande golpe na cabeça, pela parte de trás, logo acima da nuca que lhe tinha separado a maior parte do crânio, além de muitas outras feridas que tinha no rosto, que todas mostravam ser feitas com instrumento cortante.

José, filho de Manoel José da Costa, de idade de cinco anos, se achou com duas grandes feridas no rosto, com couro e carne cortada e ambos de comprimento de cinco polegadas que mostravam ser feitas com instrumento cortante.

Maria, filha do dito Costa, se achou [...] com a cabeça toda contusa, com cor mudada para preto que mostrava ser assassinada dando com a cabeça por pau ou pedra. D. Ana Cândida da Costa, viúva de Francisco Junqueira, se achou com a parte do couro que cobria o crânio não se lhe devulgando parte alguma
10v da cabeça e rosto, que se não achava unida ao corpo. Antônia, filha legítima de Manoel Vilela, de idade de quatro anos, se achou com uma grande ferida redonda no alto da cabeça por

onde se lhe divisava a extravasação do cérebro, além de outras muitas feridas no rosto, com couro e carne cortada, que tudo mostrava ser feito com instrumento cortante, cujos fatos e eles testemunhas sabiam pelo ver e em razão de serem eles próprios os que deram a sepultura [a] todos estes cadáveres no cemitério da Serra das Letras, onde são moradores, no dia quinze do corrente mês. E perguntados eles testemunhas se sabiam qual a causa destes assassinatos e por quem tinham sido praticados, uniformemente disseram que era voz constante que tendo-se insurgido oito escravos de Gabriel Francisco Junqueira, morador da Fazenda de Campo Alegre, do curato da Serra das Letras, em cuja ocasião assassinaram, estando na sua lavoura, ao juiz de paz do mesmo curato, Gabriel Francisco de Andrade Junqueira, cujos escravos são Ventura de Nação = Domingos Crioulo = André Crioulo = Julião de Nação = João Cabundá = Cassimiro de Nação = José Mina e Antônio de Rezende, cujos escravos, depois de perpetrarem este assassinato, passa[ra]m a reunir-se com os escravos do finado José Francisco Junqueira, que morava em distância de um[a] légua e quarto e juntos, uns e outros, cometeram os delitos constantes deste auto, sendo também voz constante e mesmo por confissão de alguns dos agressores continuar com os assassinatos em toda esta e outras freguesias [a]té concluir [sic] a raça branca, e que também é voz constante que esta insurreição é dirigida por pessoa branca, mas que eles testemunhas não sabem quem

ela seja, só sabem que os escravos insurgidos e pertencentes
11 ao finado José Francisco Junqueira, e réus neste delito, são os seguintes: Julião Crioulo, Rafael Crioulo, Paulo Crioulo, Davi Crioulo, Quintiliano Crioulo, José de Nação, Joaquim de Nação, Bernardino de Nação, Manoel Pedreiro, Antônio Cigano, Antônio de Nação, apelidado Caramuru, José Molequinho, Lourenço de Nação, Firmino de Nação, Francisco de Nação, Gonçalo de Nação, Pedro de Nação, Pedro Congo, Matias de Nação, Tomás de Nação, Manoel das Vacas, Eusébio de Nação, Antoninho, Manoel Joaquim, Antônio de Nação, João Inácio, Sebastião de Nação. Declararam eles testemunhas que todos esses escravos são pertencentes aos finados constantes deste auto, mas que não sabem realmente quais os pertencentes a um ou outro finado, ainda mesmo a alguma outra pessoa que não fosse assassinada, e só sim sabem que são os próprios réus deste delito, por se acharem naquela Fazenda da Bela Cruz na ocasião em que por eles foram assassinados os finados constantes deste auto, e mais não disseram, e para constar mandou o juiz lavrar este auto de corpo de delito indireto em que assina com as testemunhas [...] presentes depois de lhe ser lido por mim, Carlos Joaquim de Andrade, escrivão juramentado que o escrevi e assinei.

O juiz de paz Manoel Joaquim Álvares
O escrivão
Carlos Joaquim de Andrade

João Batista da Fonseca
Francisco de Borja Galdino da Fonseca
Manoel Antônio do Pilar

Testemunha presente
Gabriel Otávio da Costa

Testemunha presente
Joaquim Moreira Vasconcelos

DEPOIMENTO DA TESTEMUNHA MARIA JOAQUINA DO ESPÍRITO SANTO

Maria Joaquina do Espírito Santo, mulher parda, casada, natu- 47v
ral da freguesia de Pouso Alto, moradora na Fazenda do Bom Jardim,[1] de agregada, em companhia de seu marido, onde vive de fiar, de idade que disse ser pouco mais ou menos de sessenta anos, testemunha a quem o dito ministro deferiu o juramento dos santos evangelhos em um livro deles, em que pôs sua mão direita sob cargo do qual lhe encarregou jurasse em sua alma
dizer a verdade do que soubesse e lhe fosse perguntado e re- 48
cebido por ela o dito juramento [...] assim o prometeu cumprir.

E sendo perguntada pelo conteúdo no auto da presente devassa e corpo de delito indireto, disse que estando em sua

casa na noite do dia treze do mês próximo passado, seriam sete horas pouco mais ou menos, entraram pelo seu terreiro um bando de pretos, cujo número ela testemunha não pôde calcular em razão de ser já escuro, entrando alguns pela casa adentro, disseram a ela e a seu companheiro que entregassem logo, e logo as espingardas, quando não que morriam, e respondendo ela testemunha que as espingardas estavam fora de casa, foi logo acometida pelo escravo Domingos Crioulo e Antônio Benguela, aquele com uma foice e este com uma pistola, estando o dito Domingos já com a foice sobre a cabeça dela testemunha, chegou-se mais um preto, Davi Crioulo, e disse para eles que não a matassem e para ela testemunha que entregasse as espingardas, senão que morria decerto. Então conhecendo a decidida intenção que eles tinham de a matar, se não desse as espingardas como pediam, disse para o seu marido que entregasse as espingardas, o que ele fez, dando duas e deixando ficar outra, dizendo que só tinha aquelas e assim que receberam as espingardas saíram todos e seguiram a estrada da Fazenda do Jardim. Que dos escravos que foram, apenas conheceu Ventura, Domingos, Antônio Benguela, Quintiliano, Davi e Manoel Banguela, e mais nenhum conheceu em razão da
48v noite. Que até então ela testemunha nada sabia do que tinha acontecido na Fazenda Bela Cruz, apesar de ser vizinha e foi só no dia seguinte que lhe contaram que os ditos escravos,

quando passaram por sua casa, tinham acabado de matar a todos os brancos nessa fazenda.

E perguntado se sabia quais eram os que fizeram as mortes na Fazenda da Bela Cruz, respondeu que ouviu dizer a todos quantos passaram por sua casa e falavam sobre este objeto que aí todos os escravos tiveram parte nas mortes de seus senhores, de exceção de um preto velho de nome Bernardino, mas quando passaram por casa dela testemunha, os que se mostraram mais interessados e que mais falavam eram Ventura, Antônio Benguela, Domingos e Manoel Banguela, entre estes, Ventura, assim que receberam as espingardas disse para os outros: minha gente, vamos para o Jardim, temos muito ainda que fazer lá, é tombar só, e toca para diante a Campo Belo.[2] Perguntou mais se sabia qual era o plano o fim dessa insurreição. Respondeu que não sabia.

Perguntou mais se sabia se esta insurreição fora premeditada anteriormente e que pessoas livres para ela concorreram com ajuda, favor ou conselho ou qualquer outro meio.

Respondeu que também não sabia.

E sendo perguntada mais pelo conteúdo no referimento
que nela fez a testemunha Luiz Antônio de Oliveira que lhe foi
lido, respondeu que era verdade que o preto Antônio Benguela 49
pulava no seu terreiro e batia nos peitos dizendo para ela e
seu companheiro: vocês não costumam a falar nos caramurus,
pois conheçam agora os caramurus, nós somos os caramurus e

vamos arrasar tudo. E mais não disse e nem dos costumes e por dizer que não sabia ler nem escrever, assina o seu juramento o dito ministro com o seu nome inteiro, depois do mesmo lhe ser lido por mim, Joaquim Antônio de Gouveia, escrivão das execuções cíveis e nomeado que o escrevi.

Manoel Machado Nunes

LIBELO ACUSATÓRIO

116 Em libelo acusatório
dizem os autores sobre os réus

1

Porque rebentando na capital da província uma Sedição Militar [na] noite de 22 para 23 de março do corrente ano de 1833, tentaram os sediciosos desviar a marcha do exército que seguiu contra eles, por uma insurreição sanguinária dos escravos de vários proprietários, enviando para isso a Francisco Silvério Teixeira que se achava naquela capital ao tempo da dita sedição.

2

Porque o Francisco Silvério aproveitando-se da ausência do autor, Gabriel Francisco Junqueira, que se achava então na

Corte do Rio de Janeiro exercendo o seu emprego de deputado na Câmara temporária, e tendo acesso livre na casa, por ser seu compadre, induziu e seduziu ao escravo do mesmo autor, de nome Ventura, para pôr em prática a mesma insurreição.

3

Porque induzido e seduzido o dito Ventura, por promessas
lisonjeiras de liberdade, que devia caber não somente a ele, 116v
mas a todos os escravos em geral, segundo as conversas que com ele teve o dito Francisco Silvério, asseverando-lhe que os brancos do Ouro Preto não queriam cativeiro de modo algum, não duvidou assentir a todas as proposições que ele lhe fez, comunicando-as não só mesmo aos seus parceiros do Campo Alegre mas ainda a Joaquim Mina, da Bela Cruz, que devia conduzir a sua gente aos mesmos fins daquela insurreição.

4

Porque o Ventura, além de ter um gênio fogoso e ardente era empreendedor, ativo e laborioso, tendo uma grande influência entre os seus e estranhos, de quem era amado, respeitado e obedecido.

5

Porque predispostas assim as coisas entre a escravatura de Campo Alegre e Bela Cruz, sucedeu que indo à roça o filho

do autor, Gabriel Francisco de Andrade Junqueira, no dia 13 de
maio do corrente ano de 1833, aí foi atrocíssima e cruelmente
assassinado pela traição e aleivosia do mesmo Ventura, que
117 entregou ao furor de Julião e Domingos, os quais dando-lhe
muitas porretadas na cabeça e corpo lhe tiraram a vida no
mesmo instante.

6

Porque depois de concluído este ato crudelíssimo e tirânico, proclamaram os assassinos a insurreição projetada, sendo cabeça dela o mesmo Ventura, Julião, Domingos, João Cabundá, André Crioulo, Antônio Rezende e José Mina, os quais todos, armados de foices, marcharam para a Fazenda do Campo Alegre a acabar com o resto da família, porém

7

Porque sendo avisado[s] a mulher e filhos do autor por um dos escravos de nome Francisco que, cavalgando a própria montada em que viera o morto, lhes foi dar parte daquele assassinato, se puseram em movimento, e foi quando não se atrevendo os mesmos insurgentes a chegarem ao terreiro da fazenda, arrepiaram a carreira tomando a direção da Fazenda da Bela Cruz.

8

Porque chegados os insurgentes à roça do falecido irmão, 117v
e pai [de um] dos autores, José Francisco Junqueira, declararam aos escravos deste que já havia morto ao seu senhor moço Gabriel Francisco de Andrade Junqueira, cumprindo fazer o mesmo aos brancos da Fazenda de [...] Bela Cruz.

9

Porque animados os tais escravos por Ventura e Joaquim Mina, que eram chefes dos dois corpos, se uniram e agregaram aos escravos do Campo Alegre, eles o[s] declarado[s] Joaquim Mina, Antônio Retireiro, Manoel Banguela, Antônio Cigano, Manoel das Caldas, José Campeiro, Lourenço, Sebastião, José Munhemba, Firmino, Quintiliano, Rafael, Francisco Moleque, Pedro Congo, Manoel Pedreiro, Pedro Velho, Eusébio, Bernardo, Manoel Joaquim, Antônio Cassange, Matias, Tomás, João Inácio, Paulo e Davi Crioulos.

10

Porque depois de assim unidos e incorporados os escravos de Campo Alegre com os da Bela Cruz passaram a invadir
a casa de seu senhor, investindo diretamente ao irmão e 118
pai dos autores, José Francisco Junqueira, sua mulher e uma filha casada com Manoel José da Costa, os quais se recolheram apressadamente a um quarto fechando-se por

dentro a ver se escapavam à brutalidade de tão horríveis monstros.

11

Porque desta sorte fechados e acautelados os irmãos, pais e sobrinhos dos autores, nem assim escaparam à fúria dos canibais que os queriam devorar, porque indo Antônio Retireiro buscar um machado [n]a senzala, o entregou a Manoel das Vacas, o que ficou trabalhando para arrombar a porta, enquanto aquele voltou à senzala, e trouxe uma pistola carregada, saltando o muro, e foi arrombar a outra porta de trás.

12

Porque estando com efeito arrombada a dita porta de baixo ao tempo em que também se [h]avia arrombado a de cima, entrou o Antônio Retireiro com a pistola que tinha na mão,
118v o que a disparou na face de seu senhor, que ficando mortalmente ferido, ainda teve o sofrer muitos maiores tormentos, com sua mulher, filha e neta, os quais foram todos massacrados com inaudita crueldade dentro daquele quarto, a olho de machado, tendo parte nesta incrível matança todos os escravos vindos de Campo Alegre, à exceção de José Cassimiro, e grande parte dos da Fazenda da Bela Cruz.

13

Porque não contentes os mesmos canibais com a morte das três indicadas vítimas, assassinaram na horta à d. Ana, viúva de Francisco José Junqueira, que foi morta pelo réu Sebastião, Pedro Congo, Manoel Joaquim e Bernardo a foice e cacete; o menino José, que foi morto pelo crioulo André, e o mesmo Pedro Congo e Manoel Joaquim; a menina Antônia, que foi morta por Manoel das Caldas, Sebastião e Bernardo; e a criança de peito que foi morta pelo crioulo Quintiliano, que a mandou lançar pelo Eusébio no cubo do moinho.

119

14

Porque acabada esta lastimosa cena se dividiram os insurgentes e assassinos, seguindo uns para a Fazenda do Jardim e ficando outros na Bela Cruz à espera de Manoel José da Costa, para cujo fim o mandaram chamar enganadamente à Fazenda do Campo Alegre, e chegando à porteira aí foi morto por Lourenço, Julião, Manoel Pedreiro, José Campeiro, José Munhemba, e outros.

15

Porque seguindo o Ventura para a Fazenda do Jardim com seus companheiros, encontraram em caminho a um agregado da mesma fazenda, que vinha a Bela Cruz a pedir uma esmola de mantimento, sendo o Ventura que lhe deu o primeiro golpe mortal com uma foice e depois o acabou de matar o Manoel das Vacas com um porrete.

16

119v Porque o Ventura, com os ditos seus companheiros, quando seguiram para a Fazenda do Jardim foi para assassinarem a João Cândido com toda sua família, o que, tendo aviso em Campo Alegre, chegou primeiro do que eles e fazendo-se recolher toda a sua escravatura em uma sala, esperou pelos mesmos, que daí a poucos momentos apareceram, mas sendo repulsados com dois tiros, dispersaram.

17

Porque, derramado o alarme de tão trágicos sucessos por toda a vizinhança, se puseram em cautela contra as últimas tentativas dos insurgentes, que, derrotados em todos os pontos, acabaram por ser presos e remetidos à cadeia desta vila.

18

Porque a insurreição operada na Fazenda do Campo Alegre
e da Bela Cruz era geral, estendendo-se a Campo Belo, Prata,
Penhas, João Pinto, Sobrado, Traituba, Favacho e Santo Inácio,
120 e tanto que Jerônimo e Roque, escravos da Fazenda da Prata,
foram nela envolvidos como cabeças dos pontos indicados, e
a quem se tinham encomendado armas e munição para a dita

insurreição, sendo por isso pronunciados como os mais réus no sumário da devassa à prisão e livramento.

19

Porque dos indicados réus já faleceram Ventura, João Inácio, Firmino, Matias, e Antônio Cigano, estando vivos todos os outros réus, dos quais são chefes ou cabeças da insurreição os escravos de Campo Alegre como assassinos do filho do primeiro autor, sendo [...] cabeça de insurreição na Bela Cruz Joaquim Mina, e não cabeças, mas assassinos da família do segundo autor, Antônio Retireiro, Manoel das Vacas, Manoel Joaquim, Manoel das Caldas, Bernardo, Lourenço, Julião Crioulo, Sebastião, Pedro Congo, e Quintiliano Crioulo, sendo todos os mais simples insurgentes [...].

120v

20

Porque os primeiros se acham compreendidos na pena de morte natural, pela insurreição e pelos assassinatos das duas famílias na conformidade dos artigos 113 e 192 do Código Criminal, atendendo-se às circunstâncias agravantes do artigo 16; os segundos na mesma pena de morte natural, pelos assassinatos cometidos na família do segundo autor, os terceiros, nas penas de açoites, entregando-se depois a seus senhores para deles disporem livremente.

Porque nestes termos e conforme os de direito hão de os réus ser[em] condenados nas penas indicadas no artigo precedente, para emenda sua e exemplo de outros e satisfação dos autores e das leis ofendidas.

Florêncio Antônio da Fonseca

AUTO DE PERGUNTAS FEITAS AOS RÉUS

122 Certifico que fui à cadeia desta vila e sendo aí notifiquei aos réus
Julião Congo, Domingos Crioulo, João Cabundá, André Crioulo,
José Mina, Antônio Rezende, José Cassimiro, Joaquim Mina,
Antônio Retireiro, Manoel das Vacas, Manoel Joaquim, Manoel
122v Pedreiro, Manoel das Caldas, Bernardo, José Munhemba, José
Campeiro, Antônio [...] Campeiro, Antônio Cassange, Lourenço, Julião Crioulo, Sebastião, Pedro Congo, Pedro Velho, Quintiliano Crioulo, Francisco, Tomás, Rafael Crioulo, Paulo Crioulo, Davi Crioulo, Eusébio, Jerônimo Crioulo e Roque Crioulo, e bem assim ao curador dos ditos escravos, o advogado José Alcebíades Carneiro para todo o conteúdo no despacho retro e ao mesmo curador entreguei a cópia do libelo e do rol das testemunhas na forma da lei. Vila de São João del-Rei, catorze de novembro de mil oitocentos e trinta e três.

O escrivão do júri
Joaquim Antônio Gouveia

Ano do nascimento de Nosso Senhor Jesus Cristo de mil oitocentos e trinta e três aos dezoito dias do mês de novembro do dito ano nesta vila de São João del-Rei, Minas, e comarca do Rio das Mortes, na sala das sessões dos jurados onde se achava o dr. Gabriel Mendes dos Santos, juiz de direito desta vila e presidente do mesmo conselho, para o efeito de por ele ministro serem feitas perguntas ao réu Julião Congo, escravo de Gabriel Francisco Junqueira, e sendo presente o mesmo Julião, livre de ferros, em sua plena liberdade e sem constrangimento algum passou o dito ministro a fazer-lhe as perguntas seguintes e bem assim a todos mais réus abaixo declarados.

Perguntas feitas ao réu Julião Congo

Perguntou-lhe o dito ministro como se chamava.

Respondeu que se chamava Julião Congo.

Perguntou-lhe mais qual era a sua ocupação.

Respondeu que era empregado em tirar leite, roçar e capinar.

Perguntou-lhe mais qual era o motivo por que comparecia perante este conselho.

Respondeu que não sabia.

127v Perguntou-lhe mais se ele era o autor do delito de que é acusado.

Respondeu que ele ajudara a assassinar seu senhor moço Gabriel Francisco de Andrade Junqueira, sendo ele [...] o que se seguiu logo nas pancadas ao preto Ventura.

Foi-lhe mais perguntado se ele tinha pretendido ficar forro por meio da força.

Respondeu que sim.

Foi-lhe mais perguntado se tinha alguma razão que produzir em sua defesa.

Respondeu que seu senhor o tratava de mandrião, não estava contente com o seu serviço, dava-lhe pancadas ainda mesmo quando estava doente. E neste ato a parte acusadora pediu a palavra, e negou que bem longe de ser o respondente tratado com rigor, era tratado com demasiada brandura, sendo essa uma das queixas que ele tinha contra o seu falecido filho, e o respondente perguntado de novo [...] à vista da negativa da parte acusadora, confirmou quanto havia dito [...]. O advogado da parte acusadora, neste ato, requereu que fosse perguntado ao respondente com que instrumento havia batido em seu senhor moço.

Respondeu que com um pedaço de pau, e só uma vez.

Foi-lhe perguntado mais pela mesma requisição em que lugar do corpo tinha batido.

Respondeu que na nuca.

Perguntou-lhe mais quem havia mandado a ele [...] ou seduzido a ele respondente para semelhante malefício. 128

Respondeu que quem tinha excitado e aconselhado para este malefício fora Francisco Silvério, o qual disse que as pessoas no Ouro Preto estavam encarreiradas [sic] em grande abundância, que eles pretos eram forros, que os brancos do Ouro Preto brigavam por causa deles [...] para o fim de ficarem forros, e mais não respondeu, e para constar mandou o dito ministro lavrar este auto. Disse mais ele respondente que o mesmo Francisco Silvério havia dito que no caminho do Rio de Janeiro, no lugar chamado Cachimbão, os pés de chumbo haviam-se levantado, tinham tomado conta da casa, tomado o dinheiro, e deixado a mesma casa para os pretos, para constar mandou o dito ministro lavrar este auto que assina depois de lido por mim, Joaquim Antônio de Gouveia, escrivão do júri, o escrevi.

Neste ato, observando o advogado da parte que o respondente havia feito outras mortes mais, foi de novo interrogado acerca disso, e disse depois de feita a morte no dito seu senhor moço, dirigiu-se ele, e mais sete de seus parceiros, à casa de seu senhor a fim de aí matarem todos os brancos, o que não fizeram porque a casa já estava tomada de capitães do mato, ou porque supunham que já havia gente em casa em socorro, pelo que se dirigiram para a Fazenda da Bela

Cruz, onde ele respondente acabou de matar o irmão de seu
128v senhor, José Francisco Junqueira, dando-lhe um tiro com a sua espingarda na boca, e mais não respondeu e eu, dito escrivão, o escrevi.

Santos

Perguntas feitas a Domingos Crioulo

Perguntou-lhe o dito ministro como se chamava.

Respondeu que se chamava Domingos Crioulo.

Perguntou-lhe mais qual era a sua ocupação.

Respondeu que era de roceiro.

Perguntou-lhe mais qual era a razão por que comparecia perante a este conselho.

Respondeu que era pela morte feita em seu senhor moço Gabriel Francisco Andrade Junqueira.

Foi-lhe mais perguntado se ele era o autor do delito de que era acusado.

Respondeu que quem havia matado o seu senhor moço fora o defunto Ventura, mas que ele respondente o segurava enquanto o outro o matava, sendo ele o que o tirara do cavalo.

Perguntou-lhe mais o que é que havia feito depois da morte do senhor moço.

Respondeu que com o Ventura e outros seus parceiros dirigiram-se para casa de seu senhor a fim de matarem aí todos os brancos, o que não fizeram por dizer o dito Ventura que já havia gente em casa, pois que tinha ido avisar, pois que tinha saído adiante um preto que tinha ido avisar, e por esse motivo tomaram a direção da Fazenda da Bela Cruz, passando pela roça, a fim de convidarem a escravatura para
fazerem o mesmo que eles tinham feito, e pretendiam fazer 129
na Fazenda de Campo Alegre e indo [...] muitos à casa da Bela Cruz aí entraram nela, e mataram todos os brancos que acharam, ficando ele respondente de fora da casa, depois do que, ficando uma parte dos escravos na dita Fazenda de Bela Cruz, outra parte se dirigiu para a Fazenda do Bom Jardim para aí fazerem o mesmo que haviam feito em Bela Cruz, matando no caminho a Francisco da Costa, e pretendiam seguir para as outras fazendas, não o fizeram porque acharam gente na Fazenda do Jardim, onde o falecido Ventura levara um tiro e os outros foram dispersos.

Foi-lhe mais perguntado se alguém os tinha excitado ou aconselhado para semelhantes malefícios.

Respondeu que tinha ouvido do falecido Ventura que Francisco Silvério era a causa disso, dizendo que no Ouro Preto havia muitas pessoas voltadas com a boca para cá a fim de matarem todos os brancos e ficarem os negros forros.

Foi-lhe mais perguntado se tinha alguma coisa que dizer em sua defesa.

Respondeu que não, pelo que houve o dito ministro as perguntas deste réu por concluídas, e eu, Joaquim Antônio de Gouveia, escrivão do júri, as escrevi. Declarando uma omissão do interrogatório afirmo que o respondente dissera que ele foi um dos que da Fazenda de Bela Cruz seguira para a do Jardim,
129v [...] eu, o dito escrivão, o escrevi e declarei.

Santos

Perguntas feitas ao réu João Cabundá

Perguntou-lhe o dito ministro como se chamava.

Respondeu que se chamava João Cabundá, [...] e que era angola.

Perguntou-lhe mais em que se ocupava na casa de seu senhor.

Respondeu que se ocupava na roça.

Perguntou-lhe mais se sabia a razão por que comparecia perante este conselho.

Respondeu que por causa da morte feita em seu falecido senhor moço Gabriel Francisco de Andrade Junqueira.

Foi-lhe mais perguntado se ele tinha sido o autor dessa morte ou concorrido para ela.

Respondeu que quem tinha [...] matado o seu senhor moço foram os pretos Domingos e Julião, dos quais o primeiro o tirou do cavalo, e outro lhe deu um com um pau na cabeça.

Foi-lhe perguntado mais o que havia feito depois da morte de que se trata.

Respondeu que junto a outros, em número de oito, se dirigiram para a Fazenda de Bela Cruz a fim de matarem os brancos dela e que, passando pela roça onde se achavam os escravos da mesma fazenda, aí os convidaram e excitaram para se levantarem e matarem a seus senhores, e com efeito indo à casa da dita Fazenda de Bela Cruz, entraram nela, e assassinaram todos os brancos, no que ele respondente não tomou parte, não ofendendo ninguém dentro da casa, depois do que ele respondente, com uma parte dos escravos insurgidos, se dirigiram para a Fazenda do Jardim, a fim de fazerem aí o mesmo, mas que ele respondente voltara do caminho, não tendo chegado à dita Fazenda do Jardim. Declarou mais o respondente que dos escravos mencionados uns iam armados de foices e outros de paus.

Foi-lhe perguntado se alguém os tinha movido para cometerem o atentado de que se trata.

Respondeu que tinha ouvido ao falecido Ventura, havia dito a ele respondente que Francisco Silvério os havia aconselhado que matassem os brancos para ficarem forros e ser o dinheiro para ele o dito Silvério.

Foi-lhe mais perguntado se tinha alguma coisa que dizer em sua defesa. Respondeu que ele não fez sangue em ninguém, e mais não respondeu. Para constar faço este auto, e eu, Joaquim Antônio de Gouveia, escrivão do júri, o escrevi.

Santos

Perguntas feitas a José Cassimiro

Perguntou-lhe o dito ministro como se chamava.

Respondeu que se chamava José Cassimiro, natural do Congo.

Perguntou-lhe mais em que se ocupava na fazenda do seu senhor.

Respondeu que era empregado no serviço da roça.

130v Perguntou-lhe mais se sabia a razão por que comparecia perante este conselho.

Respondeu que por haver fugido.

Perguntou-lhe mais se ele era autor dos malefícios de que se trata ou se havia concorrido para eles.

Respondeu que ele tinha sido chamado pelo preto Ventura para irem matar os brancos pelas fazendas, e ficarem forros, mas que de certa altura do caminho fugira para o mato, e que não sabe o que os outros fizeram.

Foi-lhe mais perguntado se alguém os tinha aconselhado para cometerem os malefícios de que se trata.

Respondeu que tinha ouvido ao preto Ventura que Francisco Silvério era o causador disso, o qual espalhava que as pessoas no Ouro Preto estavam com as bocas viradas para cá, para matarem os brancos e que era ocasião d'eles ficarem forros.

Perguntou-lhe mais se tinha alguma razão que produzir em sua defesa.

Respondeu que ele, sendo chamado e receando das ameaças dos outros que se achavam armados de foices, os acompanhara até certa altura do caminho, mas que, não querendo tomar parte no malefício, se retirara e fugira para o mato e mais não disse, e para constar mandou o dito ministro lavrar estes autos que assina. E eu, Joaquim Antônio de Gouveia, escrivão do júri, o escrevi.

Santos

Perguntas ao escravo José Mina 131

Perguntou-lhe o dito ministro como se chamava.

Respondeu que se chamava José Mina.

Perguntou-lhe mais qual era a sua ocupação em casa de seu senhor.

Respondeu que se ocupava no serviço da roça.

Perguntou mais se sabia a causa por que comparecia perante a este conselho.

Respondeu que era pela morte feita em seu senhor moço.

Foi-lhe perguntado se ele era o autor ou havia concorrido para os fatos criminosos de que se trata.

Respondeu que depois de morto seu senhor moço pelos pretos Ventura, Domingos e Julião, dirigiram-se ele e outros em número de oito para a Fazenda de Campo Alegre a fim de matarem aí os brancos, e porque o preto Ventura dissesse que já tinha havido aviso, temendo achar gente ali, dirigiram-se para a Fazenda da Bela Cruz, e, passando pela roça, aí procuraram empenhar a escravatura para se levantar e matar a seus senhores, o que conseguiram fazer pois que, dirigindo-se os insurgentes com uma parte dos escravos da dita Fazenda de Bela Cruz para [a] casa dela, aí mataram os brancos que acharam, ficando ele respondente atrás, e quando chegou à dita casa, já os outros haviam morto os brancos dela, depois do que, retirando-se
131v para a Fazenda do Jardim a fim de fazerem aí o mesmo, foram dispersos em consequência dos tiros que apanharam, deixando por isso de continuar a insurreição por diante.

Foi-lhe mais perguntado se alguém tinha movido a ele respondente e a seus parceiros a fazerem o malefício de que se trata.

Respondeu que tinha ouvido a Ventura que Francisco Silvério tinha sido causador de tudo isto, dizendo que os brancos no Ouro Preto estavam guerreando-se entre si, matando aos outros e que era boa ocasião deles se levantarem e ficarem forros, matando a seus senhores. Declarou que o respondente disse ter ouvido o que fica referido aos dois pretos Julião e Domingos, e que estes é que tinham ouvido a Ventura.

Foi-lhe mais perguntado se tinha alguma coisa que produzir em sua defesa.

Respondeu que tinha acompanhado aos outros com medo, e mais não respondeu. E para constar mandou o dito ministro fazer este auto que assina, depois de lido por mim, Joaquim Antônio de Gouvea, escrivão o escrevi.

Santos

Perguntas feitas a André Crioulo

Perguntando-lhe o dito ministro como se chamava.

Respondeu que se chamava André Crioulo, natural de Campo Alegre.

Perguntou-lhe mais em que se ocupava na casa de seu senhor.

Respondeu que se ocupava no trabalho da roça, e também andava com o carro. 132

Perguntou-lhe mais se sabia a causa por que comparecia perante este conselho.

Respondeu que por haver acompanhado a seu pai, Ventura, depois de morto seu senhor moço.

Foi-lhe mais perguntado o que ele havia feito depois da morte do dito senhor moço.

Respondeu que, junto com outros, se dirigiram para a Fazenda do Campo Alegre armados, uns de foices e outros de paus, para aí matarem os brancos, e que não chegaram lá porque havia partido para ali um aviso e receavam achar lá gente em socorro, pelo que se dirigiram para a Fazenda da Bela Cruz a fim de matarem os brancos dela, o que fizeram, tendo primeiro passado pela roça para convidar os escravos da dita fazenda para esse fim. Disse que ele respondente, entrando na casa de Bela Cruz, dera com um pau no menino José, que caiu, e foi acabado de matar por outro preto de nome Manoel Joaquim, depois do que se retiraram para a Fazenda do Bom Jardim, a fim de fazerem aí o mesmo, o que não puseram em prática em razão de haverem sido dispersos e repelidos com tiros.

Perguntou-lhe mais se alguém os havia induzido para perpetrarem semelhantes atentados.

Respondeu que tinha ouvido dizer o seu pai Ventura que
132v Francisco Silvério é que tinha os aconselhado que matassem os brancos para ficarem forros.

Perguntou mais se tinha alguma coisa que alegar em sua defesa.

Respondeu que nada tinha.

Perguntou-lhe mais que idade tinha.

Não disse nada acerca de sua idade e mais não respondeu, e para constar mandou o dito ministro fazer este auto que assina, e eu, Joaquim Antônio de Gouveia, o escrevi.

Santos

Perguntas feitas a Antônio Rezende

Perguntou-lhe o dito ministro como se chamava.

Responde[u] que chamava Antônio e que era cabinda.

Perguntou-lhe mais que idade tinha.

Respondeu que não sabia.

Perguntou-lhe mais se sabia a razão por que comparecia perante este conselho.

Respondeu que era por se haverem levantado e matado os brancos.

Perguntou-lhe mais se ele havia concorrido para a morte de seu senhor moço.

Respondeu que este fora morto pelo preto Julião, Domingos e Ventura.

Foi-lhe mais perguntado o que havia feito depois da morte de seu senhor moço.

Respondeu que, sendo chamados pelo preto Ventura, dirigiram-se para a Fazenda de Campo Alegre a fim de matarem aí
a todos os brancos e que, em caminho, avistando um cavaleiro 133

com um cargueiro atrás, o preto Ventura lhe dissera que aquele era Francisco Silvério, o qual havia aconselhado que matassem os brancos para ficarem forros e repartirem o dinheiro entre si, que no Ouro Preto havia muitas pessoas, e que os caramurus vinham matando os brancos de lá para cá e que fizessem de cá o mesmo para se irem encontrar com eles. Depois do que, dirigindo-se eles para a Fazenda de Campo Alegre para o fim mencionado, não chegaram ali em razão de temerem acharem gente, tendo avistado dois cavalheiros, pelo que dirigiram-se para a Fazenda de Bela Cruz e, passando pela roça, convidaram e excitaram os outros escravos que ali se achavam para matarem os brancos da Bela Cruz, e dirigindo-se para [a] casa com uma parte dos ditos escravos, aí assassinaram todos [os] brancos, ficando ele respondente em pé na porteira, entrando dentro da casa só depois de feita a mortandade, depois do que dirigiram-se para a Fazenda do Bom Jardim para aí fazerem o mesmo, e só não continuaram por diante foi porque foram dispersos e espalhados em razão de dois tiros que levaram à entrada da porteira.

Perguntou-lhe mais se tinha alguma coisa que produzir em sua defesa.

Respondeu que ele só tinha acompanhado os outros e que
133v nada havia feito e mais não respondeu e para constar mandou o dito ministro lavrar este auto que assina. E eu, Joaquim Antônio de Gouveia, o escrevi.

Santos

CONTESTAÇÃO DO LIBELO ACUSATÓRIO

Contrariando o libelo acusatório, diz d. Ana Luiza Gonçalves, 138
por cabeça de seus escravos Roque e Jerônimo crioulos, réus presos na cadeia desta vila por esta e melhor via de direito

1

Porque consta do libelo dos autores acusantes haver no dia 13 de maio deste presente ano uma insurreição de escravos em várias fazendas da qual resultaram as desgraçadas mortes de José Francisco de Andrade Junqueira[3] e José Francisco Junqueira e mais pessoas de sua família.

2

Porque é certo que essa insurreição e mortes de que se trata foram acontecidas nas fazendas de Campo Alegre e Bela Cruz, própria[s] dos mesmos falecidos e dos autores, e feitas pelos escravos deste[s] que se achavam nas ditas fazendas, sem que os dois escravos da requerente, Roque e Jerônimo crioulos, aí estivessem ou assistissem a semelhantes procedimentos.

138v

3

Porque bem se mostra dos juramentos de todas as testemunhas, tanto as do auto de corpo de delito, folha 9, como as da presente devassa, que nenhuma levemente falou que os escravos da requerente se achassem ou fossem presentes ao horroroso atentado, e nem menos falaram os escravos dos autores nas perguntas que se lhe fizeram constantes dos autos apensos.

4

Porque os dois escravos da requerente, Jerônimo e Roquc crioulos, no dia 13 de maio deste presente ano de 1833, quando sucederam as mortes, não estavam nesta província, mas sim na do Rio de Janeiro, para onde tinham ido acompanhando a tropa da mesma requerente, o que é bem público e manifesto, e os mesmos autores o não ignoram, como andem declarar debaixo de juramento, na conformidade do artigo 224, § 2 do Código do Processo, e em virtude deste, desde já se protesta pelos ditos juramentos dos autores, e logo que os ditos dois escravos da requerente estavam ausentes, se não podem julgar cúmplices nos delitos cometidos.

5

Porque tanto é certo estarem os escravos ausentes e fora desta província, que vindo com a tropa da requerente de volta da cidade do Rio de Janeiro em companhia do administrador dela,
139 José Teixeira de Araújo, foram presos no arraial dos Serranos
e levados à presença do juiz de paz do curato de Campo Belo,

o capitão Manoel Joaquim Álvares que jurou sua presente devassa à folha 26.

6

Porque suposto aleguem os autores em seu libelo, artigo 18, que os dois escravos da requerente se devem entender cabeças da insurreição acontecida por se terem dantes convencionado com os escravos dos autores que a fizeram, contudo não o puderam conseguir pela razão de que nem alegam fatos por onde demonstrem que eles foram cabeças da insurreição praticada, nem há provas que para ela concorressem ou dessem favor algum, bastando para se mostrarem inocentes a ausência e distância em que se achavam, porquanto.

7

Porque a insurreição projetada e de que falam alguns dos escravos dos autores, da qual se poderia supor alguma culpa nos escravos da requerente, tinha de acontecer no dia de Domingo do Espírito Santo, que se contaram 26 de maio, mas fazendo os escravos dos mesmos autores treze dias antes, seguiu-se que nenhuma culpa pode recair nos escravos da requerente, visto que aquele que se projeta o mal e não o executa ou não dá 139v
adjutório não é criminoso e nem delinquente ou responsável ao dano, quanto mais.

8

Porque bem se mostra do auto de corpo de delito, folha 9, não se haver mencionado essa insurreição projetada, que tinha de suceder no referido dia, Domingo do Espírito Santo, e só se tratou do que foi acontecida e das mortes feitas no dia 13 de maio, vindo por esta razão a não haver auto de corpo de delito de semelhante projeto, cuja falta e nulidade pela qual se protesta, faz não haver crime algum contra os escravos da requerente.

9

Porque ainda, caso negado, que os escravos da requerente tivessem alguma inteligência de que no dia [de] Domingo do Espírito Santo havia de suceder a projetada insurreição, logo que ela não se verificou nesse dia e nem eles se achavam naquela que foi praticada no dito dia 13 de maio, decerto se não pode classificarem-se de cabeças, tanto de uma como da outra, porque na acontecida se não acharam, nem concorreram, e quanto à outra, não foi praticada.

140

10

Porque suposto os escravos da requerente no auto de perguntas chegassem a declarar que, nessa projetada insurreição que havia [de] rebentar no dia [de] Domingo do Espírito Santo, se haviam encarregado de trazer armas do Rio de Janeiro, contudo das mesmas perguntas consta que eles não a[s] trouxeram, não só porque não levaram dinheiro para isso, como porque não acharam pessoas que lhas confiasse[m].

11

Porque no ato em que se fizeram as perguntas aos escravos da requerente foram obrigados com algum castigo para responderem, cujas respostas deram perturbação, que lhe não podem ser ofensivas.

12

Porque bem se mostra que os cabeças da insurreição feita em 13 de maio foi Ventura e outros escravos dos autores, cuja insurreição não chegou a ser geral e nem ela chegou à Fazenda da Prata, da qual a requerente é senhora, devendo-se daqui tirar uma consequência que os seus dois escravos não foram cabeças de insurreição alguma.

13

Porque caso negado que os escravos da requerente se lhe[s]
pudesse imputar alguma culpa por não terem delatado a pro- 140
jetada insurreição, e que por essa falta merecesse[m] algum castigo, contudo eles já foram asperamente castigados com novecentos açoites, que em nove dias sucessivos publicamente lhe[s] foram dados por ordem do juiz de paz, o capitão Manoel Joaquim Álvares, depois que eles chegaram presos ao curato do

dito juiz, não sendo possível impor-lhes mais penas algumas, em vista de semelhante castigo.

14

Porque a requerente muito sentiu o horroroso atentado acontecido, porque os infelizes que foram vítimas ainda eram seus parentes e pessoas da sua estima e apesar de que os seus dois escravos não foram concorrentes por se não acharem no assassinato, contudo, desde já protesta vendê-los para fora desta província, com a condição de nunca mais voltarem a ela, quando se julguem exemplos do crime.

15

Porque a requerente é pessoa de muita probidade e incapaz de alegar fatos que não sejam verdadeiros.

141 Porque nestes termos e conforme os de direito se há de afinal julgar os escravos da requerente, Roque e Jerônimo crioulos, por absolvidos e isentos que pelos autores acusantes lhes é arguido, condenando-se os mesmos nas custas, mandando-se dar baixa na culpa visto que a respeito dos mesmos escravos não houve auto de corpo de delito que lhe[s] possa formar crime, procedendo-se com todas as mesmas pronunciações necessárias.

AUTO DE PERGUNTAS FEITA[S] AOS ESCRAVOS SEGUINTES DA FAZENDA DA BELA CRUZ 141v

Ano do nascimento de Nosso Senhor Jesus Cristo de mil oitocentos e trinta e três, décimo segundo da Independência e do Império do Brasil, aos dezenove dias do mês de novembro do dito ano, nesta vila de São João del-Rei, Minas, e comarca do Rio das Mortes, na sala das sessões dos jurados a que presidia o doutor juiz de direito desta comarca, Gabriel Mendes dos Santos, onde eu escrivão, adiante nomeado, me achava para o efeito de por ele ministro serem feitas perguntas aos escravos de Bela Cruz abaixo declarados, e achando-se os mesmo[s] presentes, livres de forros e sem constrangimento algum passou o dito ministro a fazer-lhes as perguntas da maneira seguinte:

Perguntas feitas ao réu Joaquim Mina

Perguntou-lhe o dito ministro como se chamava e que idade tinha.

Respondeu que se chamava Joaquim Mina que era natural da costa da África, e que era de idade trinta anos pouco mais ou menos, a este ato compareceu a parte [acusadora], e pedindo a palavra observou que ele tinha muitos mais anos, pois que há vinte e cinco que ele tinha sido comprado.

142 Perguntou-lhe mais em que se ocupava ele em casa de seu senhor.

Respondeu que se ocupava no serviço da roça.

Perguntou-lhe mais se sabia a causa por que comparecia perante este conselho.

Respondeu que foi por causa da morte de seus senhores.

Foi-lhe mais perguntado se ele era o autor do delito por que é acusado.

Respondeu que chegando o negro Ventura à roça onde ele se achava feitorando os outros, aí o convidara para irem todos à Fazenda de Bela Cruz e nas outras a fim de matarem os brancos a fim de ficarem forros, e que partindo com os outros para o fim indicado, foram perpetrados os assassinatos de que se trata pelos outros, não tendo ele parte neles pois que tinha ficado atrás, e não entrou na casa e que depois, indo para a Fazenda do Bom Jardim daí voltara sem entrar no terreiro da dita fazenda, pois que lhe batera o coração.

Foi-lhe mais perguntado se alguém os tinha movido e excitado para cometerem os delitos de que se trata.

Respondeu que tinha ouvido aos outros que Ventura lhes dissera que Francisco Silvério era o causador de tudo isto, espalhando que as pessoas no Ouro Preto estavam voltadas para cá, que ali se estavam matando os brancos, que no Rio de
142v Janeiro fazia-se o mesmo, que eles cá também deviam matá-los para ficarem forros.

Foi-lhe mais perguntado se tinha alguma coisa que produzir em sua defesa.

Respondeu que não tinha derramado sangue nem levantado a mão contra ninguém e que a sua única culpa era ter acudido ao chamado de Ventura, e mais não respondeu e para constar mandou o dito ministro fazer este auto que assina e eu, Joaquim Antônio de Gouveia, escrivão que o escrevi.

Santos

Perguntas feitas a Antônio Retireiro

Perguntou-lhe o dito ministro como se chamava e que idade tinha.

Respondeu que se chamava Antônio Retireiro, e que não sabia a sua idade.

Perguntou-lhe mais em que se ocupava em casa de seu senhor.

Respondeu que era empregado no serviço da roça e em tirar leite [d]as vacas no retiro.

Perguntou-lhe mais se sabia a razão por que se acha aqui perante a este tribunal.

Respondeu que comparecia aqui por causa das mortes de seus senhores.

Foi-lhe mais perguntado se ele era autor, ou tinha tomado parte nos delitos de que é acusado.

Disse que, chegando os negros de Campo Alegre à roça onde ele respondente se achava, aí chamara pelo pre-
143 to Joaquim Mina, e que tanto um como outro os tinha[m] convidado e seduzido para irem à Fazenda de Bela Cruz matar os brancos e nas outras fazendas, e que, com efeito, chegando na casa da Bela Cruz ele respondente fora buscar um machado para arrombar a porta, e que entregando-o ao preto Manoel foi à senzala buscar uma pistola com a qual deu um tiro no terreiro. Disse mais que estando dentro do quarto dera com o cabo do machado duas vezes em sua senhora velha, depois do que se dirigira com os outros para a Fazenda do Jardim, onde foram dispersos em razão de um tiro que se deu, e mais não disse e para constar faço este auto eu, dito escrivão, o escrevi. Certifico e posto por fé que na ocasião dos interrogatórios o réu ora confessava, ora negava, [...] eu, dito escrivão, o escrevi.

Santos

Perguntas feitas ao Manoel das Vacas

Perguntou-lhe o dito ministro como se chamava e sua idade.

Respondeu que se chamava Manoel das Vacas, que era banguela, e que não sabia a sua idade.

Perguntou-lhe mais em que se ocupava na casa de seu senhor.

Respondeu que se ocupava no serviço do retiro e da roça.

Perguntou-lhe mais se sabia a razão por que comparecia 143v
perante este conselho.

Respondeu que, vindo da roça com os outros, entrando na casa da Fazenda de Bela Cruz, ele respondente, achando seu senhor velho em pé na porta, lhe dera duas bordoadas, e recolhendo-se o dito seu senhor para dentro do quarto, fechando a porta, ele respondente com um machado, que lhe ministrara o preto Antônio, arrombara a porta, entrando dentro do quarto, aí já achara feitas as mortes de que se trata, depois do que se dirigiram para a Fazenda do Bom Jardim, onde foram dispersos em consequência dos tiros que ali se deram.

Foi-lhe mais perguntado se tinha alguma [coisa] que alegar em sua defesa.

Respondeu que nada tinha a dizer e mais não respondeu, e para constar faço este termo e assina o dito ministro, eu, dito escrivão, que o escrevi.

Santos

Perguntas a Sebastião Angola

Perguntou-lhe o dito ministro como se chamava e que idade tinha.

Respondeu que se chamava Sebastião [...] natural da Angola, que tinha bastante idade, mas que ignorava o número de anos.

Perguntou-lhe mais em que se ocupava em casa [de seu senhor].

144 Respondeu que se ocupava no serviço da roça.

Perguntou-lhe mais se sabia a razão por que comparecia perante este conselho.

Respondeu que tendo chegado à roça, onde ele respondente se achava, alguns escravos de Campo Alegre e convidando-os para que se levantassem e matassem seus senhores, a exemplo do Rio de Janeiro, de onde vinham matando os brancos, ele se dirigira com os outros à casa da Bela Cruz, onde matara sua senhora moça, d. Ana, tendo por companheiros a Pedro Congo e o moleque Manoel Joaquim, a quem ele respondente mandou que desse [uma bordoada/foiçada],[4] depois do que, dirigindo-se os outros para o Jardim, ficou ele respondente em Bela Cruz com outros parceiros, onde deu [a]inda uma foiçada no falecido Manoel da Costa, no qual também deram outros, mas ele respondente só se lembra do preto Lourenço e mais não respondeu [...].

Foi-lhe mais perguntado se tinha alguma coisa que dizer em sua defesa.

Respondeu que se ele tinha cometido o delito de que se trata, fora porque tinha sido mandado, mais não respondeu, e para constar o dito ministro lavrou este auto que assina, eu, dito escrivão, o escrevi.

Santos

Perguntas feitas a Pedro Congo 144v

Perguntou-lhe o dito ministro como se chama, sua naturalidade e que idade tinha.

Respondeu que se chamava Pedro, natural do Congo, e que não sabia que idade tinha.

Perguntou-lhe mais em que serviço se ocupava em casa de seu senhor.

Respondeu que era empregado no serviço da roça.

Perguntou-lhe mais se sabia a razão por que comparecia perante este conselho.

Respondeu que achando-se ele na roça de seu senhor, e aparecendo ali sete escravos de Campo Alegre, os excitara para virem matar a seus senhores na Fazenda de Bela Cruz, e com efeito ele respondente com os mais para ali se dirigiram, e entrando na casa dera uma bordoada em sua senhora moça, deixando-a logo porque ela lhe havia pedido que a não matasse, depois, que dirigindo-se outros para o Bom Jardim, ele fora um dos que ficara em casa.

Foi-lhe mais perguntado se tinha alguma coisa que alegar em sua defesa.

Respondeu que nada tinha e mais não respondeu e para constar mandou o dito ministro lavrar este auto que assina, eu, o dito escrivão, que o escrevi.

Santos

145 *Perguntas feitas a Quintiliano Crioulo*

Perguntou-lhe o dito ministro como se chamava, de onde era natural e que idade tinha.

Respondeu que se chamava Quintiliano Crioulo, que era natural de Campo Alegre e que não sabia a sua idade.

Perguntou-lhe mais se sabia a razão por que comparecia perante este conselho.

Respondeu que, estando ele respondente na roça, ali chegaram sete ou oito escravos de Campo Alegre, e chamando a todos os convidaram para irem à Fazenda de Bela Cruz matarem a seus senhores, o que também deviam praticar nas outras fazendas a fim de ficarem forros, pelo que ele respondente, dirigindo-se com os outros para [a] casa da dita Fazenda de Bela Cruz, aí chegara em ocasião que só restava viva uma criança recém-nascida, a qual ele respondente, por ordem de Ventura, matou dando-lhe com a cabeça em um portal, depois do que se dirigiu com outros para o Bom Jardim a fim de fazerem ali outro tanto, e matando no caminho a um agregado chamado Francisco da Costa, o qual foi morto pelo preto Ventura, e outro de nome Manoel das Vacas, e chegando ao Jardim ali foram dispersos em consequência dos tiros que receberam.

Foi-lhe mais perguntado se tinha alguma coisa que dizer 145v
em sua defesa.

Respondeu que se fez a morte que confessara foi porque fora mandado pelo preto Ventura, e mais não respondeu e para constar mandou o dito ministro fazer este auto que assina, eu, dito escrivão, o escrevi.

Santos

Perguntas feitas a Bernardo

Perguntou-lhe o dito ministro como se chamava, sua naturalidade, e idade.

Respondeu que se chamava Bernardo, que era natural do Congo e que ignorava sua idade.

Perguntou-lhe mais em se que ocupava em casa de seu senhor.

Respondeu que se ocupava em roçar e capinar na roça.

Perguntou-lhe mais se sabia a razão por que comparecia perante este Tribunal.

Respondeu que, estando ele respondente na roça com os outros seus parceiros aí chegara o preto Ventura com mais outros escravos de Campo Alegre e [...] os excitara com muitas instâncias para irem à casa da Fazenda de Bela Cruz e matar seus senhores a exemplo deles, que já haviam morto seu senhor moço, pelo que, dirigindo-se à dita casa, aí fizeram as
146 mortes de que se trata, sendo ele [...] respondente o que dera duas bordoadas em uma menina de nome Antoninha, de cinco ou seis anos, a qual foi acabada de matar pelo preto Sebastião, depois do que, dirigiu-se ele respondente com outros para o Jardim, a fim de matarem os brancos, o que não fizeram porque em consequência dos tiros que aí se deram, fugiram para o mato.

Perguntou-lhe mais se tinha alguma coisa que alegar em sua defesa.

Respondeu que ele tinha feito o malefício confessado porque o preto Ventura tinha dito que matassem os brancos como meio de ficarem forros, [e] mais não respondeu e para constar mandou o dito ministro lavrar este auto que assina, eu, dito escrivão, o escrevi.

Santos

Perguntas feitas ao escravo Manoel Joaquim

Perguntou-lhe o dito ministro como se chamava, de onde era natural, e que idade tinha.

Respondeu que se chamava Manoel Joaquim, natural de Angola, e que ignorava sua idade.

Perguntou-lhe mais se sabia a razão por que comparecia perante este conselho.

Respondeu que, estando ele respondente na roça com os 146v
outros seus parceiros, aí chegara o preto Ventura com mais alguns escravos da Fazenda de Campo Alegre convidando-os para, a seu exemplo, matarem a seus senhores em Bela Cruz, e nas fazendas vizinhas, ouvindo ele o preto Ventura dizer que Francisco Silvério é que tinha mandado que matassem os brancos para ficarem forros e senhores das terras, sendo o dinheiro para ele, dito Francisco Silvério, pelo que, dirigindo-se ele respondente com os mais para a casa da Fazenda de Bela Cruz, aí foram praticar as mortes de que se trata, e pelo que toca a ele respondente dera uma bordoada [...] em sua senhora d. Ana, depois do que fora acabar de matar o menino José, no qual lhe dera também uma bordoada na cabeça, e partindo com outros para o Jardim aí foram dispersos em consequência dos tiros que apanharam.

Foi-lhe mais perguntado se tinha alguma coisa que apresentar em sua defesa.

Respondeu que havia acompanhado os outros mais velhos que os ameaçavam de tirar-lhe a cabeça se assim não fizesse, [e] mais não respondeu, e para constar mandou o dito ministro lavrar este auto que assina, eu dito escrivão o escrevi.

Santos

[...]

149v

AUTO DE PERGUNTAS FEITAS AOS ESCRAVOS DE BELA CRUZ

Ano do nascimento de Nosso Senhor Jesus Cristo de mil oitocentos e trinta e três, aos cinco dias do mês de novembro do dito ano, nesta vila de São João del-Rei, Minas e comarca do Rio das Mortes, na sala das sessões dos jurados a que presidia o dr. Gabriel Mendes dos Santos, juiz de direito desta vila, com alçada no cível e crime onde eu, escrivão adiante
150 nomeado, me achava para o efeito de por ele ministro serem feitas perguntas aos réus presos, escravos da Fazenda de Bela Cruz, os quais sendo presentes com seu curador, livres de ferros, em sua plena liberdade, sem constrangimento algum passou o dito ministro a proceder às perguntas pela forma e maneira seguinte:

Perguntas feitas a Julião Crioulo

Perguntou-lhe o dito ministro como se chamava, sua naturalidade, e idade.

Respondeu que se chamava Julião, que era crioulo, natural de Campo Alegre e idade que disse ter trinta e cinco anos pouco mais ou menos.

Perguntou-lhe mais se sabia a razão por que comparecia perante este tribunal.

Respondeu que era pela mortandade feita em casa de seu senhor.

Foi-lhe mais perguntado se ele foi o autor, ou se tinha tomado parte nesta mortandade.

Respondeu que, vindo ele respondente da roça com os
outros em razão do convite que lhes havia feito Ventura e mais
alguns escravos da Fazenda de Campo Alegre e dirigindo-se
para a casa da Bela Cruz, aí achava já feitas as mortes de que 150v
se trata, exceto a de seu senhor moço Manoel da Costa, o qual,
tendo chegado depois e sendo agarrado por outros escravos,
chamou por ele respondente para acudir e que então ele respondente em vez de acudir-lhe dera com um pau nas costas, do que acabou de cair. Disse mais que, segundo ouviu dizer a Joaquim Mina, tudo isto era causado por Francisco Silvério, o qual lhes aconselhara que matassem os brancos de Campo Alegre, e de outras fazendas para ficarem forros.

Foi-lhe mais perguntado em que gênero de serviço se empregava ele em sua casa.

Respondeu que andava na roça, andava também no campo, era pajem de seu senhor e também amansava cavalos.

Foi-lhe mais perguntado se tinha alguma razão que produzir em sua defesa.

Respondeu que tinha sido mandado e tivera esperanças de ficar forro e mais não respondeu, e para constar mandou o dito ministro lavrar este auto que assina depois de lido por mim, Joaquim Antônio de Gouveia, escrivão do júri, o escrevi.

Santos

Perguntas feitas a Lourenço

Perguntou-lhe o dito ministro como se chamava, sua naturalidade e idade.

Respondeu que se chamava Lourenço, natural de Banguela, que ignorava sua idade.

Perguntou-lhe mais em que se ocupava ele em casa do seu senhor.

Respondeu que se ocupava no serviço da roça.

Perguntou-lhe mais se sabia a razão por que comparecia perante este conselho.

Respondeu que era por causa da morte feita em seu senhor moço.

Foi-lhe mais perguntado como havia sido feita esta morte, e dele tinha tomado parte nela.

Respondeu que, estando ele na roça, aí fora o preto Ventura com mais outros escravos de Campo Alegre, convidara ele e a seus parceiros para se levantarem contra seus senhores, pelo que, dirigindo-se para a casa de Bela Cruz e vindo de volta para a mesma seu senhor moço, Manoel da Costa, ele respondente lhe dera uma bordoada na [com a?] espingarda, e segurando-lhe o dito seu senhor moço no pau, ele respondente forcejou e lutou com o dito seu senhor moço até que outros o acabaram de matar. Disse mais que, segundo tinha ouvido ao preto Ventura, Francisco Silvério é que havia aconselhado que matassem os brancos de Campo Alegre, Bela Cruz e outras fazendas a fim de ficarem forros.

Foi-lhe mais perguntado se tinha alguma coisa que dizer em sua defesa.

Respondeu que tinha sido por tolice, e mais não respon- 151v
deu, para constar mandou o dito ministro fazer este auto que assina, eu, dito escrivão, o escrevi.

Perguntas feitas a José Munhemba Banguela

Perguntou-lhe o dito ministro como se chamava, de onde era natural, e que idade tinha.

Respondeu que se chamava José Munhemba, natural de Banguela, que ignorava sua idade.

Perguntou-lhe mais se sabia a razão por que comparecia perante este tribunal.

Respondeu que era por causa do barulho feito na fazenda de seu senhor.

Foi-lhe mais perguntado que parte tinha tido ele neste barulho.

Respondeu que estando ele respondente na roça, aí chegou Ventura e outros escravos de Campo Alegre a convidá-los para matar os brancos em Bela Cruz e outras fazendas e tomar-lhes o dinheiro. Disse mais que ele respondente observava que aquilo era malfeito, pois que os brancos os haviam [de] matar, que entretanto dirigindo-se os outros para a dita Fazenda de Bela Cruz, ele os acompanhara sem tomar parte nos malefícios que ali se fizeram.

Foi-lhe mais perguntado se tinha alguma coisa que dizer em sua defesa.

152 Respondeu que nada tinha a dizer em sua defesa, para constar mandou o dito ministro lavrar este auto que assina, eu, dito escrivão, o escrevi.

Santos

Perguntas feitas a Manoel Pedreiro

Perguntou-lhe o dito ministro como se chamava, sua naturalidade e idade.

Respondeu que se chamava Manoel Pedreiro, natural de Moçambique, de idade trinta anos pouco mais ou menos.

Perguntou-lhe mais em que gênero de serviço se empregava ele em casa de seu senhor.

Respondeu que se empregava no serviço da roça.

Perguntou-lhe mais se sabia a razão por que comparecia perante este conselho.

Respondeu que era em razão dos crimes feitos em casa de seu senhor.

E perguntado acerca disso, disse que, estando ele respondente na roça com os outros, aí vira chegar o preto Ventura com mais alguns escravos da Fazenda de Campo Alegre dizendo o primeiro que Francisco Silvério havia mandado e aconselhado que matassem os brancos de Campo Alegre e Bela Cruz e outras fazendas para ficarem forros, e que recusando ele respondente
segui-los, o dito preto Ventura se dirigira a ele com uma foice, 152v
do que, receando-se, os acompanhara para [a] casa de Bela Cruz, deixando-se ficar primeiro atrás, e que chegando à casa vira os estragos feitos, mas que ele não tomara parte neles.

Perguntou-lhe mais se tinha alguma coisa que alegar em seu favor.

Respondeu que nada havia feito, e mais não respondeu, e para constar lavro este auto e que assina o dito ministro depois de lido por mim, dito escrivão, o escrevi.

Santos

Perguntas feitas a Manoel das Caldas

Perguntou-lhe o dito ministro como se chamava, de onde era natural e que idade tinha.

Respondeu que se chamava Manoel das Caldas, natural de Angola, e que não sabia sua idade.

Perguntou-lhe mais em que serviço se ocupava na fazenda de seu senhor.

Respondeu [que] se ocupava do serviço da roça.

Perguntou-lhe mais se sabia a razão por que comparecia perante este conselho.

Respondeu que era por causa das mortes feitas em casa de seu senhor.

E perguntado acerca disso, respondeu que, estando ele na roça, ali chegara o preto Ventura e mais alguns escravos da Fazenda de Campo Alegre, convidando-os à matança dos
153 brancos em Bela Cruz, e que dirigindo-se para ali ele respondente os acompanhara com medo, pois que ameaçavam cortar a cabeça com a foice e que, chegando à casa, aí nenhuma parte

tomou nas mortes que se fizeram, pois que ele respondente ficara de fora, e que não acompanhara os outros para o Bom Jardim, deixando-se ficar em casa.

Foi-lhe perguntado se tinha mais alguma coisa que dizer em sua defesa, nada disse, e para constar mandou o dito ministro lavrar este auto que assina e eu, dito escrivão, o escrevi.

Santos

Perguntas feitas a José Campeiro

Perguntou-lhe o dito ministro como se chamava, de onde era natural, que idade tinha.

Respondeu que se chamava José Campeiro, natural de Banguela, e que ignorava sua idade.

Perguntou-lhe mais [em] que se ocupava na fazenda de seu senhor.

Respondeu que se ocupava em campear e, algumas vezes, no serviço da roça.

Perguntou-lhe mais se sabia a razão por que comparecia perante este conselho.

Respondeu que era por causa dos malefícios feitos pelos outros em casa de seu senhor. E perguntado acerca deles 153v
disse que, achando-se na roça e vindo ali o preto Ventura e mais alguns escravos de Campo Alegre, aí [...] convidaram

para matarem os brancos de Bela Cruz e outras fazendas e, dirigindo-se os outros para a dita casa da Fazenda de Bela Cruz, ele respondente ficou atrás e nenhuma parte tomara nos malefícios que ali se praticaram, e mais não respondeu, e para constar mandou o dito ministro lavrar este auto que assina, eu, dito escrivão, o escrevi.

Santos

Perguntas feitas a Pedro Velho

Perguntou-lhe o dito ministro como se chamava, de onde era natural e que idade tinha.

Respondeu que se chamava Pedro Velho, e era natural de Banguela, e que tinha de idade cinquenta anos pouco mais ou menos.

Perguntou-lhe mais em que se ocupava ele em casa de seu senhor.

Respondeu [que] se ocupava do serviço da roça.

Perguntou-lhe mais se sabia a razão por que comparecia perante este conselho.

Respondeu que por causa das mortes feitas a seu senhor.

E perguntado acerca destas mortes, disse que, indo o preto Ventura à roça onde ele se achava com os outros, dirigiram-se depois para a casa da Bela Cruz, e que vindo ele respondente

atrás, quando aí chegara, já achou feitas as mortes de que se 154
trata, nas quais ele nenhuma parte teve, mas que, ficando com medo, se retirara para o mato, onde esteve dois dias até que foi pegado pelos capitães do mato, [e] mais não respondeu, e para constar mandou o dito ministro lavrar este auto que assina, eu, dito escrivão, o escrevi.

Santos

Perguntas feitas a Eusébio Cassange

Perguntou-lhe o dito ministro como se chamava, sua naturalidade e idade.

Respondeu que se chamava Eusébio, que era cassange e ignorava a sua idade.

Perguntou-lhe mais em que se ocupava na fazenda de seu senhor.

Respondeu que se ocupava do serviço da roça.

Perguntou-lhe mais se sabia a razão por que comparecia perante este conselho.

Respondeu nada, e para constar mandou o dito ministro lavrar este auto que assina, eu, dito escrivão, o escreveu.

Santos

156v **AUTO DE PERGUNTAS FEITAS AOS ESCRAVOS ABAIXO DECLARADOS**

Ano do nascimento de Nosso Senhor Jesus Cristo de mil oitocentos e trinta e três, décimo segundo da Independência e do Império do Brasil, aos vinte e um dias do mês de novembro do dito ano, nesta vila de São João del-Rei, Minas, e comarca do Rio das Mortes, na sala das sessões dos jurados a que presidia um dr. Gabriel Mendes dos Santos, juiz de direito desta dita vila e comarca, onde eu, escrivão adiante nomeado, me achava para o efeito de por ele dito ministro serem feitas perguntas aos réus abaixo declarados, e sendo presentes os mesmos réus livres de ferros, em sua plena liberdade, e sem constrangimento algum, em presença de seu curador, passou o dito ministro a proceder às perguntas pela maneira seguinte:

Perguntas feitas a Paulo Crioulo

Perguntou-lhe o dito ministro como se chamava, de onde é natural, e que idade tinha.

Respondeu que se chamava Paulo, que era crioulo, natural
157 de Bela Cruz, e que ignorava a sua idade.

Perguntou-lhe mais em que se ocupava ele em casa de seu senhor.

Respondeu [que] se ocupava na roça e no serviço de carrear.

Perguntou-lhe mais se sabia o motivo por que comparecia perante a este conselho.

Respondeu que era por causa das mortes feitas em casa de seu senhor.

E perguntado acerca disso, disse que, vindo ele respondente com o carro da roça, encontrara em caminho com Ventura e mais alguns escravos de Campo Alegre, os quais lhe quiseram cortar os arreios do carro, dizendo que iam à roça convidar os outros para irem matar os brancos, em casa, aonde chegando ele respondente avisou logo a seu senhor o que havia ocorrido, e, chegando depois os ditos escravos de Campo Alegre e os outros, fizeram as mortes de que se trata entrando na casa, e deitando a ele respondente para fora, que se viu obrigado a ir ocultar-se nas laranjeiras para evitar a morte, pois que o queriam matar como conivente e mais não respondeu, para constar mandou o dito ministro lavrar este auto, que assina, e eu, Joaquim Antônio de Gouveia, escrivão, o escrevi.

Perguntas a Rafael Crioulo 157v

Perguntou-lhe o dito ministro como se chamava, de onde era natural e que idade tinha.

Respondeu que se chamava Rafael, que era crioulo natural de Campo Alegre, e que ignorava a sua idade.

Perguntou-lhe mais em que se ocupava ele na fazenda de seu senhor.

Respondeu que se ocupava no serviço da roça.

Perguntou-lhe mais se sabia a razão por que comparecia perante este conselho.

Respondeu que por causa da mortandade feita em casa de seu senhor. E que perguntado a este respeito, disse que, estando ele respondente na roça, aí vira chegar o preto Ventura, e mais outros escravos de Campo Alegre, convidando-os para irem à casa, e que com efeito, dirigindo-se para aí, e vindo ele respondente atrás com o carro, quando chegara à dita casa, já achara feitas as mortes de que se trata, pelo que, pegando ele respondente em sua mulher e filhos, os conduziu para Campo Alegre, de onde voltou por ordem de Antônio Penha para conduzir os cadáveres para São Tomé, o que fazendo no dia seguinte fora preso ao pé da casa de Luiz Antônio por ordem deste, e mais não respondeu, para constar mandou o dito ministro lavrar este auto que assina, eu, dito escrivão, o escrevi.

 158

Perguntou-lhe o dito ministro como se chamava, sua naturalidade, e idade.

Respondeu que chamava Davi, que era crioulo, natural de Bela Cruz, e que ignorava a sua idade.

Perguntou-lhe mais em que se ocupava na fazenda de seu senhor.

Respondeu que se ocupava em roçar e carrear.

Perguntou-lhe mais se sabia a razão por que comparecia a este conselho.

Respondeu que por causa dos crimes feitos em casa de seu senhor.

E perguntado a este respeito, disse que, estando ele na roça vira ali chegar o preto Ventura, e outros escravos de Campo Alegre, dizendo o primeiro que Francisco Silvério havia dito que os caramurus tinham matado os brancos nesta vila, e que iam matando para lá e que eles fizessem o mesmo até se encontrarem, pelo que os convidara o dito Ventura para matar os brancos em Bela Cruz, e dirigindo-se para ali com muitos outros escravos ele respondente ficou atrás e quando chegou àquela casa, já estavam feitas as mortes em questão e ficando
com medo ele respondente, e vendo os outros subirem pelo 158v
morro em direção à Fazenda do Jardim ele os acompanhara atrás [e] ficara em um córrego do pé da casa daquela fazenda

de onde voltara, apenas ouvira um tiro da casa dela, e fugira para o mato voltando depois para o Campo Alegre e mais não disse para constar mandou o dito ministro lavrar este auto que assina, eu, o dito escrivão, o escrevi.

Perguntas a Tomás Mufumbe

Perguntou-lhe o dito ministro como se chamava e de onde era natural, e que idade tinha.

Respondeu que chamava Tomás Mufumbe e que ignorava a sua idade.

Perguntou-lhe o dito ministro [...] em que se ocupava em casa de seu senhor.

Respondeu que se ocupava no serviço [...] da roça.

Perguntou-lhe mais se sabia a causa por que comparecia perante este conselho.

Respondeu que por causa das mortes feitas em casa de seu senhor. E perguntado acerca deste objeto, disse que, indo o preto Ventura com alguns outros escravos de Campo Alegre onde se achava ele respondente, aí convidara os outros para
159 irem à Fazenda de Bela Cruz matar os brancos e que partindo para ali os ditos escravos de Campo Alegre com a metade dos da roça, onde se achava o respondente, este se deixara ficar atrás na mesma roça, e quando veio à casa já achou feitas as

mortes de que se trata e que, indo para Campo Alegre, dali voltara para ter conta em casa, de onde tornou outra vez para Campo Alegre, onde fora castigado por ordem de José Penha e mais não respondeu, para constar mandou o dito ministro lavrar este auto que assina, eu, dito escrivão, que o escrevi.

Perguntas feitas a Francisco Moçambique

Perguntou-lhe o dito ministro como se chamava, de onde era natural, e que idade tinha.

Respondeu que chamava Francisco, natural de Moçambique, que ignorava a sua idade.

Perguntou-lhe mais em que se ocupava em casa de seu senhor.

Respondeu que se ocupava no serviço da roça.

Perguntou-lhe mais se sabia a causa por que comparecia perante este conselho.

Respondeu que por ter fugido para o mato com medo dos outros.

Foi lhe mais perguntado se tinha tido parte nas mortes 159v
feitas em casa de seu senhor.

Respondeu que, quando os outros vieram da roça, em razão de haver aparecido ali o preto Ventura, e mais alguns escravos de Campo para fazerem na Fazenda de Bela Cruz os malefícios de que se trata, ele respondente viera atrás e da vargem fugira para o mato, sem tomar parte em coisa alguma e mais não disse e para constar mandou o dito ministro lavrar este auto que assina, eu, dito escrivão, o escrevi.

Perguntas feitas a Antônio Cassange

Perguntou-lhe o dito ministro como se chamava, de onde era natural, e que idade tinha e seu estado.

Respondeu que chamava Antônio, que era natural de Cassange e que ignorava a sua idade, e que era casado.

Perguntou-lhe mais em que se ocupava em casa de seu senhor.

Respondeu que se ocupava no serviço da roça.

Perguntou-lhe mais se sabia a causa por que comparecia perante este conselho.

Respondeu que por causa das mortes feitas em casa de seu senhor. E perguntado acerca delas: disse que, estando ele respondente na roça, aí vira chegar alguns escravos de Campo Alegre com o preto Ventura, ao qual ele respondente ouviu dizer que Francisco Silvério lhe aconselhara que matassem os brancos de Bela Cruz, e que, saindo depois para ali o mesmo Ventura e os outros, ele respondente ficara atrás, e quando chegou à casa já estavam feitas as mortes em questão, e que, ficando ele respondente com medo, e vendo os outros seguirem para o Jardim, ele também os acompanhou, ficando em um rego no caminho da dita fazenda de onde voltou, apenas ouviu alguns tiros no terreiro da mencionada fazenda e que, procurando a Campo Alegre, aí fora preso e mais não respondeu, e para constar mandou o dito ministro lavrar este auto que assina, eu dito escrivão, o escrevi.

Perguntas feitas a Jerônimo Crioulo escravo da Fazenda da Prata

Perguntou-lhe o dito ministro como se chamava, de onde era natural, e que idade tinha e seu estado.

Respondeu que chamava Jerônimo, que era crioulo natural desta vila, que tinha de idade de cinquenta e nove anos e que era solteiro.

Perguntou-lhe mais em que se ocupava em casa de sua senhora.

Respondeu que era tropeiro e que algumas vezes se ocupa- 160v
va no serviço da roça.

Perguntou-lhe mais se sabia a causa por que comparecia perante este conselho.

Respondeu que por ser acusado como cabeça deste motim. E, sendo perguntado acerca deste negócio, disse que Francisco Silvério, em São Tomé, chamando a ele respondente para trás da casa de Francisco José, nos dias santos do Natal do ano atrasado, ali encomendara a ele respondente que comprasse no Rio uma porção de armas que pudesse, e que as deixasse ficar no Rio em casa de alguma pessoa conhecida para ele, dito Silvério, as mandar buscar e observando-lhe ele respondente que não tinha dinheiro, o dito Silvério lhe replicara que ele respondente tinha pessoas conhecidas no Rio e que podia [...] comprá-las fiadas. Disse mais ele respondente que lhe havia prometido trazer as armas, que as não trouxe por não ter confiança em quem as encomendava. E, sendo-lhe neste ato lido o primeiro interrogatório junto a estes autos por apenso, ele respondente confirmou tudo que nele se lê, de que eu escrivão dou fé, e mais não respondeu [...].

E perguntado de quem era escravo.

Disse que era de sua senhora d. Ana Luiza, senhora da Fazenda da Prata.

161 Foi-lhe mais perguntado se tinha alguma coisa que produzir em sua defesa.

Respondeu que ele se tinha encarregado de trazer as armas de que se trata é porque via que Francisco Silvério era homem acreditado no lugar, e mais não respondeu, e para constar mandou o dito ministro lavrar este auto que assina, eu, o dito escrivão, o escrevi.

Perguntas feitas a Roque Crioulo escravo da Fazenda da Prata

Perguntou-lhe o dito ministro como se chamava, de onde era natural e que idade tinha e o seu estado.

Respondeu que se chamava Roque, que era crioulo natural dos Serranos, que tinha a idade de trinta anos pouco mais ou menos e que era solteiro.

Perguntou-lhe mais em que se ocupava na fazenda de sua senhora.

Respondeu que se ocupava no serviço da roça e andava [...] no caminho do Rio com a tropa.

Perguntou-lhe mais se sabia a causa por que comparecia perante este conselho.

Respondeu que era por ser acusado como chefe de insurreição. E sendo-lhe lido neste ato o seu interrogatório, que se acha apenso, confirmou tudo quanto nele havia deposto de que eu escrivão dou fé.

Foi-lhe mais perguntado se tinha alguma coisa que produzir em sua defesa.

Respondeu que não tinha mais crime além do referido, e mais não respondeu, e para constar mandou o dito ministro lavrar este auto que assina, eu, dito escrivão, o escrevi.

EXECUÇÃO DAS SENTENÇAS DOS DEZESSEIS ESCRAVOS CONDENADOS À PENA MÁXIMA (MORTE POR ENFORCAMENTO)

168v Certifico que no dia de hoje, pelas seis horas da manhã, fui à cadeia desta vila e, sendo aí, intimei todo o conteúdo da portaria retro aos réus Julião Congo, Domingos Crioulo, Antônio Retireiro e Manoel das Vacas, a qual lhes foi por mim lida e declarada e do seu contexto ficaram cientes, e bem assim intimei a mesma ao advogado José Alcebíades Carneiro, curador dos referidos réus, de que dou fé. Vila de São João del-Rei, três de dezembro de mil oitocentos e trinta e três.

O escrivão
Joaquim José de Santana Passos

170v Certifico que, sendo os quatro réus constantes no edital retro, Julião Congo, Domingos Crioulo, Antônio Retireiro e Manoel das Vacas, conduzidos pelas ruas públicas desta vila até o lugar da forca, com baraço e pregão, aí se cumpriu a sentença constante do mesmo edital, onde morreram os mesmos réus de morte natural para sempre, com a sentença do juiz municipal, de mim escrivão, de três sacerdotes da Irmandade da Misericórdia, que os acompanharam, da Força Nacional e grande concurso de espectadores, de que dou fé [...], e isto teve começo das dez horas da manhã até as duas da tarde, quando se finalizou a mesma execução. Vila de São João del-Rei, quatro de dezembro de mil oitocentos e trinta e três.

O escrivão
Joaquim José de Santa Ana Passos

Certifico que no dia de hoje, pelas seis horas da manhã, fui 172v
à cadeia desta vila e, sendo aí, intimei todo [o] conteúdo da portaria retro, aos réus Juliano Crioulo, Quintiliano Crioulo, Pedro Congo e Sebastião Angola, a qual lhes foi por mim lida igualmente a sentença que os condenou à pena capital, e do seu contexto ficaram cientes, e bem assim intimei a mesma ao advogado José Alcebíades Carneiro, curador dos réus, de que dou fé. Vila de São João del-Rei, quatro de dezembro de mil oitocentos e trinta e três.

O escrivão
Joaquim José de Santa Ana Passos

Certifico que, sendo os quatro réus constantes do edital retro, 174v
Julião Crioulo, Quintiliano Crioulo, Pedro Congo e Sebastião Angola, conduzidos pelas ruas públicas desta vila até o lugar da forca, com baraço e pregão, aí se cumpriu a sentença constante do mesmo edital, onde morreram os ditos réus, de morte natural para sempre, com a sentença do juiz municipal,

de mim escrivão e de três sacerdotes da Irmandade da Misericórdia, que os acompanharam, da Força Nacional e de grande concurso de espectadores, e isto teve começo das nove horas da manhã até uma hora da tarde, quando se finalizou a mesma execução, de que dou fé. São João del-Rei, cinco de dezembro de mil oitocentos e trinta e três.

O escrivão
Joaquim José de Santa Ana Passos

176v Certifico que, no dia de hoje, pelas seis horas da manhã, fui à cadeia desta vila e, sendo aí, intimei todo o conteúdo da portaria retro aos réus Bernardo Congo, Manoel Joaquim, Lourenço da Costa e Manoel das Caldas, a qual lhe[s] foi [por] mim lida igualmente a sentença que os condenou à pena capital, e do seu contexto ficaram cientes, e bem assim intimei a mesma ao advogado José Alcebíades Carneiro, curador dos réus, de que dou fé. Vila de São João del-Rei, cinco de dezembro de mil oitocentos e trinta e três.

O escrivão
Joaquim José de Santa Ana Passos

178 Certifico que, [sendo] os quatro réus constantes no edital retro, Bernardo Congo, Manoel Joaquim, Lourenço da Costa, Manoel

das Caldas, conduzidos pelas ruas públicas desta vila até o lugar da forca, com baraço e pregão, aí se cumpriu a sentença constante do mesmo edital, onde morreram os ditos réus de morte natural para sempre, com assistência do juiz municipal, de mim escrivão, de dois sacerdotes da Irmandade da Misericórdia que os acompanharam, da Força Nacional, e de grande número de espectadores, e isto teve começo das dez horas da manhã até uma hora da tarde, quando se finalizou a mesma execução, de que dou fé. São João del-Rei, seis de dezembro de mil oitocentos e trinta e três. 178v

O escrivão
Joaquim José de Santa Ana Passos

Certifico que, por ordem do doutor juiz de direito desta vila e comarca, fui à cadeia desta vila e, sendo aí, notifiquei aos réus Joaquim Mina, João Cabundá, André Crioulo, José Mina e Antônio Rezende e bem assim o curador destes, o advogado José Alcebíades Carneiro para em oito dias apresentarem a petição de graça, a fim de ser a mesma remetida à Secretaria de Estado na forma da lei, do que ficaram cientes. 183

São João del-Rei, quinze de fevereiro de mil oitocentos e trinta e quatro
Joaquim Antônio Correia

183v *Juntada da portaria e de documentos nela mencionados*

Aos dezoito de abril do ano de mil oitocentos e trinta e quatro, nesta vila de São João del-Rei, Minas, comarca do Rio das Mortes, no cartório de mim escrivão adiante nomeado e assinado, sendo aí junto a estes autos uma portaria do juiz municipal interino, Emerenciano José de Souza Vieira, na qual dizia que eu escrivão do seu cargo faria juntar aos autos respectivos o aviso e portaria que fora expedida em nome de sua Majestade Imperial, o senhor Dom Pedro Segundo, para em cumprimento de tudo se dar a devida execução. E como o advogado José Alcebíades Carneiro que servia de curador
184 dos réus condenados se achava ausente, nomeio para curador dos mesmos o advogado Antônio José de Oliveira Barreto, que assinará termo depois do juramentado, e lavrando eu escrivão o competente termo de juramento, assinou o mesmo advogado e juiz municipal, e dentro da mesma portaria se acha[m] a ordem e aviso nos quais diziam que a Regência, em nome do Imperador, a quem fora presente com o seu ofício de dezenove do mês passado, as cópias das sentenças do júri desta vila que condenaram à pena de morte aos réus Joaquim Mina, João Cabundá, André Crioulo, José Mina e Antônio de Rezende e a petição de graça destes não houve por bem deferir aos suplicantes e ordena que vossa mercê faça, em consequência, dar execução às mesmas sentenças.

E outrossim, quando recebi o ofício de vossa mercê, do pri-
meiro do corrente, acompanhando o que lhe dirigiu o juiz
municipal desta vila, na data de vinte e sete do mês antece-
dente, reclama o cumprimento da promessa que fizera ao
réu Antônio de Rezende de lhe ser conservada a vida no caso
de servir de carrasco dos outros corréus também condenados 184v
à pena última, ao que, [ilegível] executando a pena contra
seus parceiros, certo de que seria exatamente cumprida a
condição proposta, já a Regência, em nome do Imperador,
tinha denegado o perdão aos réus que lhe haviam dirigido a
sua petição de graça, em cujo número entrara Antônio Re-
zende, portanto, cumpre que se dê execução à sentença
e que ele continue a servir de executor aos demais corréus e
que depois o juiz municipal nomeie dentre quaisquer crimi-
nosos um que sirva de executor [...] e é tudo o que adiante se
segue, de que para tudo constar, lavro este termo, e eu, Ni-
colau José de Sousa Vieira, das execuções-crime, o escrevi.

Certifico que no dia de hoje, pelas nove horas da manhã, fui 189
à cadeia desta vila e, sendo aí, intimei todo o conteúdo na
portaria supra aos réus Joaquim Mina, João Cabundá, André
Crioulo e José Mina, o qual lhe[s] foi por mim lido, e igual- 189v
mente a sentença que os condenou à pena capital, e do seu
contexto ficaram cientes, e bem assim ao advogado Antônio
José de Oliveira Barreto, curador dos réus, de que dou fé. Vila

de São João del-Rei, vinte e dois de abril de mil oitocentos e trinta e quatro.

O escrivão

Nicolau José de Souza Vieira

191v Certifico que, sendo os quatro réus constantes do edital retro, Joaquim Mina, João Cabundá, André Crioulo e José Mina, conduzidos pelas [ruas] públicas desta vila até o lugar da forca, com baraço e pregão, aí se cumpriu a sentença constante do mesmo edital, onde morreram de morte natural para sempre com a assistência do juiz municipal e de mim escrivão, da Irmandade da Misericórdia, que os acompanhou, da Força Nacional e grande concurso de espectadores, de que dou fé. E isso teve começo às dez horas até uma hora da tarde, de que tudo dou fé. Vila de São João del-Rei, vinte e três de abril de mil oitocentos e trinta e quatro.

O escrivão

Nicolau José de Souza Vieira

ADENDO AO LIBELO ACUSATÓRIO CONTRA O RÉU FRANCISCO SILVÉRIO TEIXEIRA

> Adendo ao libelo f. 116 diz o autor acusante Gabriel 201
> Francisco Junqueira [...] ao réu acusado Francisco Silvério Teixeira o seguinte [...]

1

Porque tanto é visto que o réu Francisco Silvério Teixeira é o autor da insurreição, e mortes de que se trata no libelo f. 116 destes autos, que os escravos em juízo o confessaram espontaneamente, declarando que o réu induzira ao preto Ventura para fazer insurgir os escravos com promessas de liberdade, para a qual dizia ele que trabalhavam os sediciosos no Ouro Preto, e tanto que

2

Porque o mesmo Francisco Silvério se encontrou tanto interessado na sedição de 22 de março do Ouro Preto, que dissuadiu aos guardas nacionais para não irem contra os sediciosos, e ele mesmo nessa ocasião girava continuamente do Ouro Preto para as partes de Carrancas e vice-versa, além disso

3

201V Porque o réu obteve do presidente intruso Manoel Soares de Couto um despacho favorável a respeito de uma estrada, sobre que contendia há muitos anos, e nunca obteve do ex-presidente Manoel Inácio deferimento que o satisfizesse, pelo que é visto que teve razões para se mostrar interessado pelos sediciosos, de quem era chefe aquele Soares de Couto; por isso

4

Porque suposto que o réu acusado hoje pretenda defender-se de ter sido o autor desta insurreição e mortes sob o pretexto [de] que o coronel João Pedro Diniz Junqueira fora quem para isso influíra, como dizem que o réu o justificaria no Juízo da Campanha e Pouso Alegre; contudo tais justificações, além de nulas e incuriais, são falsas e inacreditáveis; porque

5

Porque se vê dizer o réu em uma de suas justificações que quando rebentou a insurreição o coronel João Pedro prometera 200$000 a um capitão do mato Pires, para este matar ao preto Ventura, a fim de que este nunca descobrisse o autor da insurreição; mas essa asserção é inteiramente falsa; porquanto

6 202

Porque João Cândido da Costa foi mandar chamar ao capitão do mato José Pires, e lhe disse que quando encontrasse ao preto Ventura o pegasse a todo o risco, porque esse era o mais malvado de todos, e o mais influente da insurreição. Além disso,

7

Porque Manoel Joaquim Álvares, logo que soube que os escravos apreendidos confessavam que o réu Francisco Silvério fora o que influíra para aquela insurreição, começou a procurar todos os meios para arredar dele a credibilidade desse fato, imputando-o sobre o coronel João Pedro, e para isso,

8

Porque este Manoel Joaquim fez castigar a um preto da Fazenda da Prata, obrigando-o a confessar que João Pedro fora quem tramou a insurreição; mas o preto, apesar disso, sempre sustentou a verdade declarando que o autor desse atentado foi o réu Francisco Silvério, que até já lhe havia encomendado que quando fosse ao Rio visse se podia ir comprando algumas armas de fogo.

9 202v

Porque este Manoel Joaquim, então muito amigo do réu, inimigo de João Pedro, começou a espalhar os boatos de que este fora o sedutor dos escravos insurgentes, assim como também um seu agregado de nome Misael, que jurou na justificação do réu foi o que levantou, que João Pedro prometera [a]o Pires os 200$000 para matar o preto Ventura. Demais

10

Porque consta geralmente que na ocasião que se prenderam os negros, achava-se aí Francisco José Pereira, e este foi o que persuadiu ao crioulo Rafael para tocar no nome de João Pedro, asseverando-lhe que com isso ficaria livre de crimes, e não seria castigado; mas

11

Porque este Rafael ao presente tem confessado essa indução, afirmando que o verdadeiro sedutor dos escravos fora sem dúvida o réu Francisco Silvério Teixeira, o qual fez capacitar ao preto Ventura que todos os escravos ficariam livres com a insurreição.

203 12

Porque o réu é homem de pouca moral, sem temor de Deus e por isso capaz de cometer todo gênero de atentados, ou seja por vingança, ou seja por qualquer interesse, e pelo contrário o autor acusante é homem de reconhecida probidade, e incapaz de caluniar a pessoa alguma, de tratar em juízo, ou fora dele qualquer acusação falsa.

Nestes termos,

13

Porque conforme aos de direito se há de afinal condenar ao réu Francisco Silvério Teixeira nas penas do artigo 115, Código Criminal, no grau máximo, como excitador e conselheiro da insurreição, e nas do artigo 192 no grau médio, como autor das mortes perpetradas pelos escravos, cuja pena será substituída pela de prisão nos termos do artigo 45 § 2 do citado Código em razão de ser o réu homem maior de sessenta anos e mais nas custas com todas as pronunciações necessárias.

Alcebíades

INTERROGATÓRIO DO RÉU FRANCISCO SILVÉRIO TEIXEIRA 205

Auto de perguntas feitas ao réu Francisco Silvério Teixeira

Aos vinte dias do mês de dezembro do ano de mil oitocentos e trinta e quatro, nesta vila de São João del-Rei, comarca do Rio das Mortes, nas casas da Câmara desta vila, onde se achava reunido o tribunal dos jurados a que presidia o dr. Gabriel Mendes dos Santos, juiz de direito do crime e, sendo aí, compareceu o réu Francisco Silvério Teixeira, réu preso, para a fim de pelo mesmo ministro lhe serem feitas as perguntas necessárias a fim de conhecer-se da verdade, e estando o mesmo réu livre de ferros, sem constrangimento de pessoa alguma, lhe foram feitas as perguntas seguintes. E para constar faço este termo, eu, Antônio Januário Lopes de Andrade, escrivão do júri, o escrevi.

Perguntou-lhe o mesmo ministro como se chamava, de onde era natural [...], qual lugar de sua residência e tempo
205v dela. Respondeu que se chamava Francisco Silvério Teixeira, que era natural da cidade de Ouro Preto e residia no Rio do Peixe, termo da Campanha, e que aí morava há vinte e tantos anos.

Perguntou-lhe mais quais eram seus meios de vida. Respondeu que vivia de roças e cobranças.

Perguntou-lhe mais que idade tinha. Respondeu que setenta e três anos.

Foi-lhe perguntado se sabia qual era o motivo por que aparecia na presença deste tribunal. Respondeu que pelo crime de insurreição de escravos.

Foi-lhe perguntado se era o autor do crime de que é acusado, respondeu que não. Foi-lhe mais perguntado por que não sendo ele autor de um crime tão grave, havia sido acusado dele, que era preciso que alguma causa tivesse dado para isso, respondeu que o motivo só tinha sido por haver
206 passado pela fazenda do autor nesse dia.

Foi perguntado de onde vinha no dia que passou pela fazenda do autor, respondeu que vinha de sua casa para esta vila [...] veio ver se já tinha havido sustentação de uns embargos opostos pela parte contrária em uma causa, em que litiga com um seu inimigo há mais de vinte anos.

Foi-lhe mais perguntado por que motivo havia passado pela casa do autor, respondeu que pela razão de lhe ser necessário passar pela ponte do Tavares, visto que a ponte de baixo havia caído com um carro de boi de José Venâncio, e bem assim porque lhe era necessário falar ao juiz de paz assassinado Gabriel José [Francisco de Andrade] Junqueira, para lhe pedir que despachasse logo um requerimento que ele respondente lhe tinha entregue sobre uma estrada a respeito da qual ele tem demanda. 206v

Foi-lhe perguntado se quando passou pela fazenda do autor se havia demorado em alguma parte, respondeu que só se havia demorado na casa da fazenda à espera do almoço.

Foi-lhe perguntado se tinha algumas relações com o preto Ventura, de que se trata no libelo, respondeu que nenhuma tinha, nem sequer o conhecia.

Foi-lhe perguntado se conhecia algum dos pretos que entrara na insurreição de que se trata, respondeu que da casa do autor só conhecia quatro pretos que eram Marcelino Carapina, Tomás Alfaiate, Miguel Campeiro e João Velho, ferreiro, e que da fazenda vizinha só conhecia o preto Julião, que acompanhava seu senhor, em razão de estar este cego.

Foi-lhe perguntado em que lugar se achava ele respon-
207 dente na ocasião em que teve lugar o assassinato do filho do
autor. Respondeu que ele respondente não sabe a hora em que
isso aconteceu, mas quando teve notícia desse acontecimento,
se achava em casa de Francisco Rodrigues, casado com uma
filha do Cintra, mandando copiar um requerimento que tinha
de trazer ao doutor ouvidor desta vila, todo documentado,
a respeito da mesma estrada.

Foi-lhe perguntado se tinha algum motivo particular a que atribuísse a queixa contra ele feita, respondeu que ele não tinha motivo algum a que pudesse atribuir essa queixa, que era amigo particular de muitos anos do autor, e que só atribuía a sua sina o procedimento contra ele dirigido.

Declarou ele respondente que se não voltou para trás
207v quando soube do acontecimento que tinha tido lugar em
Campo Alegre foi com medo dos escravos insurgentes pois
que os lugares todos por onde tinha de passar estavam in-
sultados por eles, e foi essa razão por que se dirigiu a esta
vila. Declarou mais que nesse dia havia pousado em casa do
juiz de paz Francisco José de Andrade Melo, que se achava
então nesta vila, e mais não declarou. Acrescentou ele res-
pondente que no dia seguinte encontrando-se com o juiz de
paz referido, este lhe perguntara o que havia de novo, ao que
ele respondente disse que as notícias eram tristes, e que ele
juiz de paz já as sabia, pelo próprio que o tinha vindo avisar,

segundo lhe havia dito o genro do mesmo juiz de paz, e perguntando-lhe este por que não havia voltado, ele respondente disse porque tinha medo, que ele não se queria expor, e que além disso ele tinha em casa filhos e genros, e mais não de- 208
clarou, e assina-se aqui com dito ministro depois de lhe ser lido por mim Antônio Januário Lopes de Andrade, escrivão ajudante do júri, o escrevi.

Francisco Silvério Teixeira
Santos

CONTESTAÇÃO DO LIBELO ACUSATÓRIO POR PARTE DO RÉU FRANCISCO SILVÉRIO

211

Contestando o libelo acusatório diz o réu
acusado Francisco Silvério Teixeira por
esta e melhor via de direito

1

Porque o réu é morador há mais de vinte anos no Rio do Peixe, na freguesia de Rio Verde, termo da Campanha, onde vive de agricultura e criações de gados.

2

Porque o réu é casado e tem catorze filhos do seu matrimônio, aos quais educou com religião e temor de Deus, possui dezenove escravos, e sempre viveu em boa fama de costumes, sem perturbar o sossego público, como mostram os documentos juntos número 1.º e 2.º.

3

Porque o mesmo réu é amante de sua pátria, e por ocasião da sedição de Ouro Preto de 22 de março de 1833 influiu, animou e capacitou o seu filho Manoel Celestino Teixeira para que fosse como guarda nacional defender a legalidade, ficando em
211v serviço na parada do batalhão três outros seus filhos, dispostos para marcharem à primeira voz.

4

Porque o réu dirigiu positivamente uma carta ao dito seu filho Celestino, para que com valor e coragem fosse em defesa da pátria, cuja carta foi lida em presença de vários guardas nacionais. Atestação número 4.

5

Porque o réu não concorreu de maneira alguma para a insurreição da freguesia de Carrancas, e menos para a morte do juiz de paz Gabriel Francisco de Andrade Junqueira, tanto porque foi sempre de gênio pacífico, e amante da paz, como pela muita amizade que tinha com este falecido, com seus pais e toda a sua família.

6

Porque se o réu passou, no dia 13 de maio de1833, pela Fazenda de Campo Alegre na sua degreção [sic] a esta vila, foi pela necessidade que teve de ir pedir ao juiz de paz [o morto] o despacho de uma petição a respeito da abertura de uma estrada litigiosa com Antônio da Costa Silva e outros.

212

7

Porque não achando o réu em casa o mesmo juiz de paz, fez essa recomendação a seu irmão João Tibúrcio, a fim de solicitar o despacho quando ele fosse à missa a São Tomé das Letras, como mostram as petições juntas número 5 e 6, com uma minuta do capitão Manoel Joaquim Álvares.

8

Porque o réu nunca conversou com o preto Ventura, e menos influiu para que ele se insurgisse, e nem deste processo consta por provas evidentes interferência alguma a tal respeito, cujas verdades se confirmam pelas respostas dadas aos interrogatórios feitos a todos os escravos das fazendas de Campo Alegre e Bela Cruz.

9

Porque achando-se caída a ponte do rio Grande do Saco, em maio de 1833, o réu teve a necessidade de ir passar na ponte dos Tavares, e por isso foi que seguiu a sua jornada da Fazenda de Campo Alegre, à do Campinho, e Pitangueiras.

212v

10

Porque tão inocente se acha o réu dos crimes por que é acusado que, sofrendo a prisão por dezenove meses, e tendo muitas ocasiões de fugir já na vinda do Ouro Preto para esta vila e daqui para a Campanha, o não fez, vindo somente com guardas sem ferros e dormindo em liberdade no interior das casas onde se lhe fazia hospedagem.

11

Porque durante o tempo da sua prisão na cadeia da vila da Campanha o carcereiro dela confidencialmente lhe entregou as chaves, guardando o réu os mais presos.

12

Porque a inocência do réu lhe é de tal sorte qualificada que nos interrogatórios que se lhe fizeram, e a seu escravo Antônio Crioulo, não houve divergência alguma dos fatos a que cada um deles foi obrigado a responder, o que decerto não aconteceria se o réu fosse cúmplice na insurreição, sendo este perguntado nesta vila e aquele em Campo Alegre, intermediando-se mais de trinta dias.

213

13

Porque uma das partes queixosas, Gabriel José Junqueira, filho de José Francisco Junqueira, que sofreu considerável perda em sua família por ocasião da insurreição, conhecendo a inocência do réu pronunciado por meros indícios [e] presunções, espontaneamente fez o termo de declaração adiante junto em número 7, desistindo do direito de o acusar.

14

Porque o réu é maior de setenta anos e nenhum interesse tinha de se envolver em um crime desta natureza tão horroroso dos quais lhe resultava sem dúvida a perda de todos os seus escravos, nos quais consiste a fortuna dos agricultores.

15

Porque os escravos insurgidos e que foram enforcados permaneceram na cadeia desta vila sete meses e durante este espaço várias pessoas em conversação lhe fizeram perguntas acerca dos fatos da insurreição e eles constante e publicamente defenderam a inocência do réu, por não haver concorrido para esse 213v
crime, como dirão [as] testemunhas.

16

Porque o autor nenhum direito tem de acusar ao réu pelos crimes constantes deste processo, por isso que ele se não queixou, não denunciou, não assinou e nem jurou sua queixa, ou denúncia na forma do artigo 78 do Código de Processo-Crime, deixando de apresentar seu libelo acusatório dentro das vinte e quatro horas, como determina o artigo 254 do mesmo código, havendo se passado mais de um ano, e por isso [é] nula a presente acusação.

Porque nos termos expostos se há de absolver o réu dos crimes que se tem arguido e pelos quais é processado.

Francisco Silvério Teixeira

TERMO DE DESISTÊNCIA DA ACUSAÇÃO POR PARTE DE GABRIEL FRANCISCO JUNQUEIRA

230 Senhor Francisco Silvério Teixeira

Meu compadre, conquanto eu esteja convencido do seu crime, contudo, visto o comportamento que teve, desistindo daqueles imundos, nojentos e caluniosos embargos e justificações, confessando que não teve a menor parte neles, eu desisto de lhe ser parte, deixando ordem ao meu advogado para desistir da apelação e vá viver em paz no centro de sua família, que é o que lhe desejo.

21 de dezembro de 1834

Seu compadre,
Gabriel Francisco Junqueira

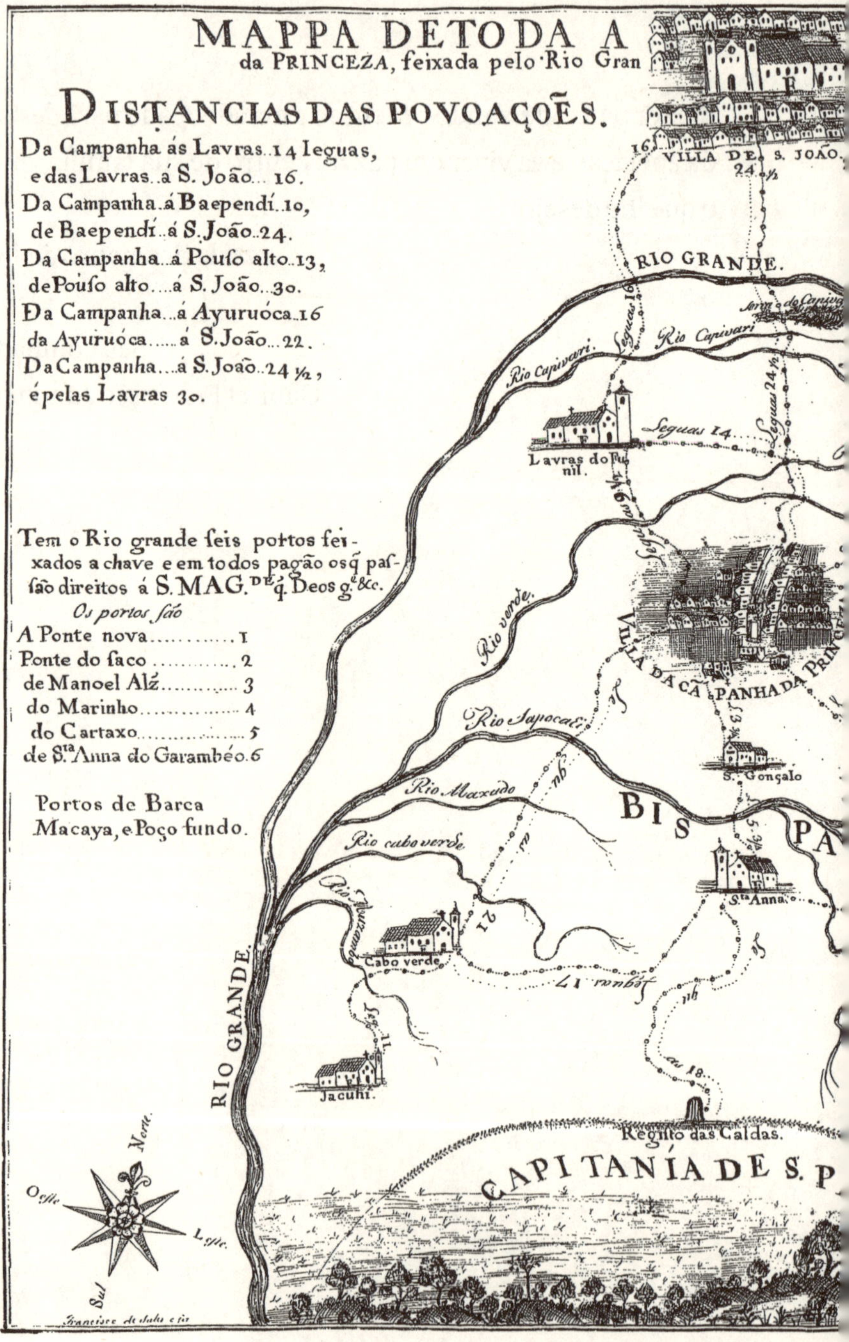
MAPPA DETODA A
da PRINCEZA, feixada pelo Rio Gran
DISTANCIAS DAS POVOAÇÕES.
Da Campanha ás Lavras..14 leguas,
e das Lavras..á S. João... 16.
Da Campanha..á Baependí..10,
de Baependí..á S. João..24.
Da Campanha..á Pouso alto..13,
de Pouso alto....á S. João...30.
Da Campanha...á Ayuruóca..16
da Ayuruóca......á S. João...22.
Da Campanha....á S. João..24 ½,
é pelas Lavras 30.
Tem o Rio grande seis portos fei-
xados a chave e em todos pagão os q̃ pas-
são direitos á S. MAG.DE q. Deos g.e &c.
Os portos são
A Ponte nova............1
Ponte do saco............2
de Manoel Alz............3
do Marinho...............4
do Cartaxo...............5
de Sta Anna do Garambéo.6
Portos de Barca
Macaya, e Poço fundo.
VILLA DE S. JOÃO.
RIO GRANDE.
Rio Capivari
Lavras do Funil.
Leguas 14
Rio verde
VILLA DA CÃPANHA DA PRINC
Rio Sapocai
S. Gonçalo
BIS
PA
Rio cabo verde
Cabo verde
Stª Anna
Leguas 17
Jacuhi.
Registo das Caldas.
CAPITANIA DE S. P
Norte
Oeste
Leste
Sul

Mapa da extensão do termo da Vila da Campanha da Princesa (1799), onde se veem os núcleos urbanos de São João del-Rei, ao norte, e Campanha, no centro, com a Serra de Carrancas a meio caminho entre as duas vilas e demais povoações ao redor

POSFÁCIO

"Nós somos os caramurus e vamos arrasar tudo"

Marcos Ferreira de Andrade

Naquela manhã de quinta-feira, 23 de abril de 1834, mais uma vez a vila de São João del-Rei acordou sobressaltada. Estava para se repetir o mesmo ritual macabro ocorrido no início de dezembro do ano anterior, que atraíra centenas de espectadores e curiosos. Dessa vez, não seria diferente. No dia anterior, os escravos Joaquim Mina, João Cabundá, André Crioulo e José Mina haviam sido notificados e intimados de sua sentença por Nicolau José de Souza Vieira. O escrivão se dirigiu à cadeia, onde os réus estavam presos havia quase onze meses, e fez a leitura da sentença "que os condenou à pena capital, e do seu contexto ficaram cientes",[1] bem como o advogado curador dos réus, Antônio José de Oliveira Barreto. É impossível imaginar a angústia que esses homens sentiram na noite que antecedeu os enforcamentos, ainda mais porque, junto com o escravo Antônio Rezende, eles constituíam o único grupo que conseguira peticionar ao imperador (no caso, à Regência) a graça para a comutação da pena. A petição havia sido negada. Somente Antônio Rezende teve a vida poupada, depois do acordo feito com o juiz municipal de São João del-Rei, com a condição de que continuasse a exercer a função de carrasco, ofício que já realizara antes, nas doze primeiras execuções, no início de dezembro de 1833.

O enforcamento exigia um longo preparo e envolvia todo o aparato administrativo, judiciário, militar e religioso da vila. Era necessário não só montar o cadafalso, mas também estabelecer medidas de segurança, pois esses eventos, tendo caráter público e exemplar, atraíam uma grande multidão. Quando se tratava de crimes praticados por escravos e insurreições, ainda se recomendava que outros cativos pudessem assistir, para ficarem cientes das consequências dos crimes que envolviam a morte de senhores e/ou a participação em revoltas. Outras providências diziam respeito ao preparo dos condenados para sair da cadeia e à assistência espiritual oferecida pela Irmandade da Misericórdia.

Como o cortejo era longo — saía da rua da Cadeia e percorria as principais ruas da vila, terminando na rua da Forca —, o ritual teve início por volta das dez horas da manhã e se estendeu até uma da tarde, com o enforcamento dos réus Joaquim Mina, João Cabundá, André Crioulo e José Mina. Foram "conduzidos pelas [ruas] públicas desta vila até o lugar da força, com baraço e pregão, aí se cumpriu a sentença [...] onde morreram de morte natural para sempre". O cortejo contou com "a assistência do juiz municipal [...], da Irmandade da Misericórdia, que os acompanhou, da Força Nacional e grande concurso de espectadores".[2]

Os doze primeiros enforcamentos haviam ocorrido no ano anterior, mais precisamente nos dias 4, 5 e 6 de dezembro de 1833. Foram enforcados quatro escravos em cada dia: Julião Congo, Domingos Crioulo, Antônio Retireiro, Manoel das Vacas, Julião Crioulo, Quintiliano Crioulo, Pedro Congo, Sebastião Angola, Bernardo Congo, Manoel Joaquim, Lourenço da Costa e Manoel das Caldas.

O que teria desencadeado uma punição tão brutal? Por que o Estado imperial foi implacável na aplicação da pena máxima aos escravos de Carrancas? Quais crimes teriam praticado para receber tal pena, como era costume na época? Por que um único grupo de cinco rebeldes peticionou a graça à Regência e ela lhes foi negada? Quais teriam sido as motivações para lançarem mão de estratégia tão arriscada na busca da liberdade? Que leitura fizeram do contexto político da época e por que se identificaram, como veremos adiante, com o grupo oponente aos liberais moderados e se autodenominaram caramurus? Como um processo-crime, apesar de ser uma peça jurídica com uma estrutura padrão e com uma multiplicidade de discursos, nos permite entender esse capítulo tão importante da história da escravidão e da resistência escrava? Essa é a história, impressionante e dramática, que será contada neste breve ensaio. O leitor, já tendo conhecido as partes dos autos selecionadas e aqui transcritas,[3] terá a oportunidade de entender o contexto do crime de insurreição que resultou na morte de 33 pessoas — 21 escravos (somados os que foram mortos durante a insurreição e os enforcados) e 9 membros da família Junqueira, mais 1 agregado e 2 "pessoas de cor" — e como a Justiça dele se ocupou.

UM OUTRO 13 DE MAIO

Segunda-feira, 13 de maio de 1833. Naquela manhã, tudo estava aparentemente normal nas fazendas e terras da família Junqueira, na antiga freguesia de Carrancas, pertencente ao termo da vila de São João del-Rei, comarca do Rio das Mortes. Várias das propriedades — como as fazendas de Campo Alegre, Bela Cruz e Jardim — estavam localizadas no curato de São Tomé das Letras.[4] Eram grandes unidades escravistas que contavam com dezenas de cativos; em algumas, mais de uma centena, que se dedicava a várias atividades, desde o cultivo de cana, cereais e fumo até a criação de gado e cavalos e a produção de queijos. A lida na roça não era fácil. Muito provavelmente

LOCALIZAÇÃO DAS FAZENDAS ONDE OCORREU A REVOLTA E LIMITES ATUAIS DOS MUNICÍPIOS DE CARRANCAS, CRUZÍLIA, LUMINÁRIAS E SÃO TOMÉ DAS LETRAS

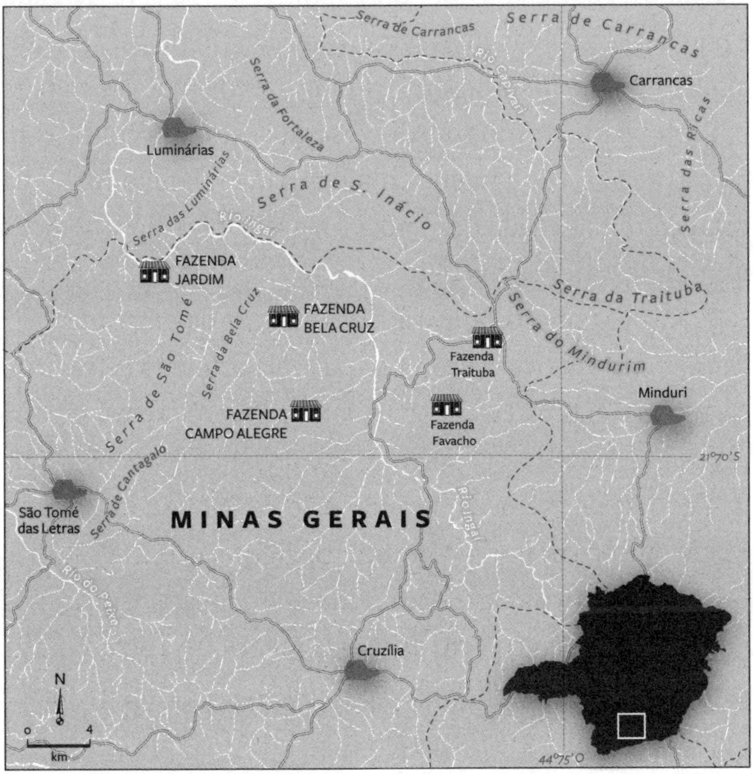

--------- Limite entre municípios
═══ Estradas

a intensificação das conexões com os mercados regionais e a cidade do Rio de Janeiro implicava uma rotina mais intensa de trabalho no cotidiano e na vida em cativeiro. Havia mais gado e porcos para cuidar, mais roças, canaviais, fumo para plantar e colher, queijos para produzir. Eram fazendas que dependiam majoritariamente do trabalho escravo, embora contassem com a presença de homens e mulheres livres, muitas vezes na condição de agregados, e também com alguns poucos homens e mulheres alforriados.

Nesses tempos, houve um incremento da escravidão africana jamais visto na história do país. Na primeira metade do século XIX, o Brasil traficou o maior número de cativos africanos nas Américas. O porto do Rio de Janeiro recebeu mais de 1 milhão de escravos, seguido pelo da Bahia, com 400 mil, e pelo de Pernambuco, com 200 mil. E a província de Minas Gerais, em 1833, absorveu quase metade dos cativos africanos recém-chegados ao porto do Rio de Janeiro — e ostentou, assim, o título nada honroso de província que detinha a maior população escrava do Império.

Desde o início do século XVIII, Minas Gerais estava dividida em quatro comarcas, processo de divisão que sofreu inúmeros desdobramentos a partir da década de 1830. A do Rio das Mortes não era a maior em extensão, mas uma das mais populosas, com uma grande população de escravos. A comarca englobava vários munícipios, estendendo-se por todo o sul de Minas e fazendo divisa com as províncias do Rio de Janeiro e de São Paulo. Na parte mais ao sul de São João del-Rei estava localizada a grande freguesia de Carrancas, palco desta trágica história.

Os escravos da família Junqueira vinham de lugares distintos da África. A grande maioria era procedente da África Centro-Ocidental, e era designada genericamente como congo, angola, benguela ou cassange. Mas também havia cativos da África Ocidental, conhecidos como mina, e da África Oriental, chamados de moçambique. Como algumas das fazendas haviam sido constituídas na segunda metade do século XVIII, a população escrava nascida no Brasil também era muito significativa. Esse era o caso da Fazenda Campo Alegre, a propriedade mais antiga da família, que depois passou a pertencer ao deputado Gabriel Francisco Junqueira, futuro barão de Alfenas (título que receberia em 1848).

Naquela segunda-feira, os escravos Ventura Mina e o filho André Crioulo, Domingos Crioulo, Julião Congo e muitos outros foram provavelmente acordados bem cedo, antes do raiar do dia, para apartar as vacas, tirar o leite e iniciar a lida na roça. Depois do almoço, por volta do meio-dia, Gabriel Francisco de Andrade Junqueira, conhecido entre os escravos como "senhor moço", deve ter pedido a um cativo da casa que arreasse o seu melhor cavalo, pois tinha que supervisionar o trabalho realizado na fazenda — essa deveria ser uma atividade rotineira.

Seu pai, Gabriel Francisco Junqueira, deputado-geral pela província de Minas Gerais desde 1831, naquele dia estava na Corte (Rio de Janeiro), exercendo atividades parlamentares. O filho Gabriel também ocupava cargo de importância para os padrões da época, que correspondia à de um delegado de polícia. Era juiz de paz do curato de São Tomé das Letras. Além de cuidar da abertura de inquéritos que envolviam a população escrava, mediava conflitos entre as elites senhoriais, como será apresentado mais adiante. Naquele 13 de maio, o que ele certamente não pressentiu é que a rotina de supervisão dos escravos na ausência do pai seria fatal.

Quando chegou ao local de trabalho, os escravos estavam roçando o mato e capinando as plantações. Numa ação rápida, que impedia qualquer reação, Gabriel foi violentamente derrubado de seu cavalo e morto a pauladas e foiçadas por Ventura Mina, Domingos Crioulo e Julião Congo. Domingos o tirou do cavalo, e Julião "se seguiu logo nas pancadas ao preto Ventura".[5] É possível imaginar a dramaticidade da cena: o "senhor moço" estirado e morto no chão, sangrando muito em virtude dos golpes que recebera. O pior estava por vir. Não se sabe quantos escravos estavam na roça naquele momento. Tudo indica que nem todos estavam dispostos a participar do levante, pois "o cavalo fugiu [e] um moleque fiel [Francisco] o cavalgou".[6] O jovem Francisco, provavelmente um cativo de confiança, seguiu rapidamente em direção à sede da Fazenda Campo Alegre para avisar à senhora e aos demais parentes do deputado[7] que os escravos, liderados por Ventura Mina, haviam iniciado uma revolta e tinham acabado de matar o "senhor moço". Na casa, também estavam João Cândido da Costa, proprietário da Fazenda Jardim, e Manoel José da Costa, genro de José Francisco Junqueira, irmão do deputado, ambos moradores das fazendas Jardim e Bela Cruz, respectivamente. Pouco tempo depois, Ventura Mina e mais sete escravos tentaram atacar a sede da fazenda. Só não o fizeram porque constataram que a entrada estava guarnecida por dois cavaleiros armados. Há notícias de que a família ficou tão assustada que fugiu às pressas da fazenda, antes da chegada de Ventura Mina e seu grupo.

Como se tratava de uma insurreição, era preciso agir com senso de estratégia e depressa. Ao perceber que não podiam atacar a sede da Fazenda Campo Alegre, Ventura Mina e os demais marcharam em direção à Fazenda Bela Cruz, que distava cerca de uma légua e meia dali, ou pouco mais de sete quilômetros.

Primeiro, foram à roça, encontraram-se com Joaquim Mina e outros, e relataram o que ocorrera em Campo Alegre. O grupo — já bem maior, constituído por mais de trinta escravos — partiu então para a sede da Bela Cruz, de propriedade de José Francisco Junqueira, e a atacou com extrema violência. Todos os brancos que ali residiam foram mortos, inclusive três crianças, uma delas de poucos meses de idade. A partir dos relatos dos insurgentes registrados nos interrogatórios, nos depoimentos das testemunhas, no libelo acusatório e no auto de corpo de delito indireto, é possível construir uma narrativa de como foram executadas as mortes dos membros da família Junqueira, em que pesem algumas diferenças nas versões apresentadas.

Ao chegarem à sede da Bela Cruz, Ventura Mina, Joaquim Mina e os demais escravos atacaram-na de surpresa. Há informação de que José Francisco teria sido avisado do levante por seu escravo carreiro,[8] Paulo Crioulo. Em seu interrogatório, Paulo disse que se encontrou com Ventura Mina e os demais escravos da Campo Alegre e que eles "lhe quiseram cortar os arreios do carro, dizendo que iam à roça convidar os outros para irem matar os brancos"; que havia se recusado a participar da insurreição e, assim que chegou à sede da fazenda, "avisou logo a seu senhor o que havia ocorrido"; que Ventura Mina, Joaquim Mina e os demais chegaram logo depois e "fizeram as mortes de que se trata"; e que ele "se viu obrigado a ir ocultar-se nas laranjeiras para evitar a morte, pois que o queriam matar como conivente".[9] Tudo indica não ter havido tempo hábil para que os que ali residiam esboçassem algum tipo de resistência. Parece que Paulo também era um escravo de confiança da família senhorial e ocupava uma função importante, além de trabalhar na roça. Embora não tenhamos como saber se sua versão é procedente ou não, conseguiu ser absolvido por não ter tido participação nas mortes, conforme relatou em seu interrogatório.

José Francisco, antes de trancafiar-se num quarto da casa junto com a mulher e a filha, levou "duas bordoadas" de Manoel das Vacas.[10] Logo depois, Antônio Retireiro buscou um machado e o entregou a Manoel, que começou a arrombar a porta do quarto. Enquanto isso, Antônio foi à senzala "buscar uma pistola com a qual deu um tiro no terreiro". E "estando dentro do quarto, dera com o cabo do machado duas vezes em sua velha senhora".[11] Pedro Congo também deu uma bordoada em sua senhora, "deixando-a logo porque ela lhe havia pedido que a não matasse".[12] José Francisco e seus familiares imploraram por clemência, mas os escravos estavam determinados a matá-los. Depois de receber muitas bordoadas e foiçadas, ele acabou por ser morto com um tiro na face, dado por Antônio Retireiro.

D. Ana, viúva do irmão de José Francisco, tentou escapar e correu para a horta, mas sem sucesso. Capturada pelos escravos Sebastião, Pedro Congo, Manoel Joaquim e Bernardo, foi morta a golpes de foice e cacetadas. Eles mataram ainda o menino José, neto de José Francisco, com o auxílio de André Crioulo, e a menina Antônia, filha de Manoel Vilela, com o auxílio de Manoel das Caldas. Maria, neta de José Francisco, de poucos meses de idade, "foi morta pelo crioulo Quintiliano, que a mandou lançar pelo Eusébio no cubo do moinho".[13]

Manoel José da Costa, genro de José Francisco, estava na Campo Alegre quando foram mortos seus dois filhos, sua esposa, seus sogros e mais dois moradores da Bela Cruz. No início da noite, foi avisado de que os insurgentes haviam partido para outra fazenda. O que não sabia é que se tratava de uma emboscada, pois um pequeno grupo ali permanecera para matá-lo. "Chegando à porteira aí foi morto por Lourenço, Julião, Manoel Pedreiro, José Campeiro, José Munhemba, e outros."[14]

As marcas da tragédia ficaram estampadas no quarto onde foram mortos José Francisco Junqueira, a mulher e a filha, e no terreiro, onde foram mortos os outros membros da família. Os relatos das testemunhas que estiveram na Fazenda Bela Cruz algum tempo depois de debelada a insurreição são impressionantes. Segundo Antônio Cintra, homem branco, 34 anos, e que vivia da lavoura, "o terreiro da fazenda [...] apresentava sinais de sangue derramado em várias partes". Já Antônio Moreira da Silva, homem pardo, 42 anos, sapateiro, casado e morador na aplicação do Favacho, foi mais minucioso na sua descrição. Apresentou detalhes terríveis de como estavam as dependências da fazenda. Quando chegou ao local, entrou no quarto e observou tudo "ensanguentado, ainda mesmo pelas paredes onde se percebiam golpes de machado e foices e restos de miolos que tinham espirrado, além de muitos sinais de pedradas nas paredes, *tendo ficado os corpos estendidos nos mesmos lugares em que foram assassinados, expostos a serem estrangulados pelos cães e porcos, como se sucedeu a alguns deles...*" (grifo meu).[15]

É bem provável que o relato de Antônio Moreira da Silva esteja bem próximo do que ocorreu, pois os corpos só foram recolhidos dois dias depois. Isso talvez se explique pelo fato de os proprietários e a Guarda Nacional estarem envolvidos primeiramente com a repressão aos insurgentes. Além disso, como em todas as fazendas da família Junqueira, havia uma grande criação de suínos, que provavelmente andavam soltos pelo terreiro, e cães de raça para a realização de caçadas. Não é de duvidar que alguns corpos tenham sido atacados por esses animais.[16]

No interrogatório dos réus, posteriormente, vários depoimentos de cativos demonstram que nem todos estavam predispostos a insurgir-se e matar seus senhores. Alguns disseram ter participado porque foram ameaçados por Ventura Mina, inclusive por medo de serem degolados pelo líder. Culpar Ventura Mina, já morto, tanto pela liderança como por incitar à insurreição e intimidar o restante dos escravos, possivelmente configurava uma boa estratégia de defesa para alguns réus. Outros disseram que fugiram no momento do confronto ou não participaram das mortes porque desfrutavam de uma relação de maior proximidade com seus senhores.

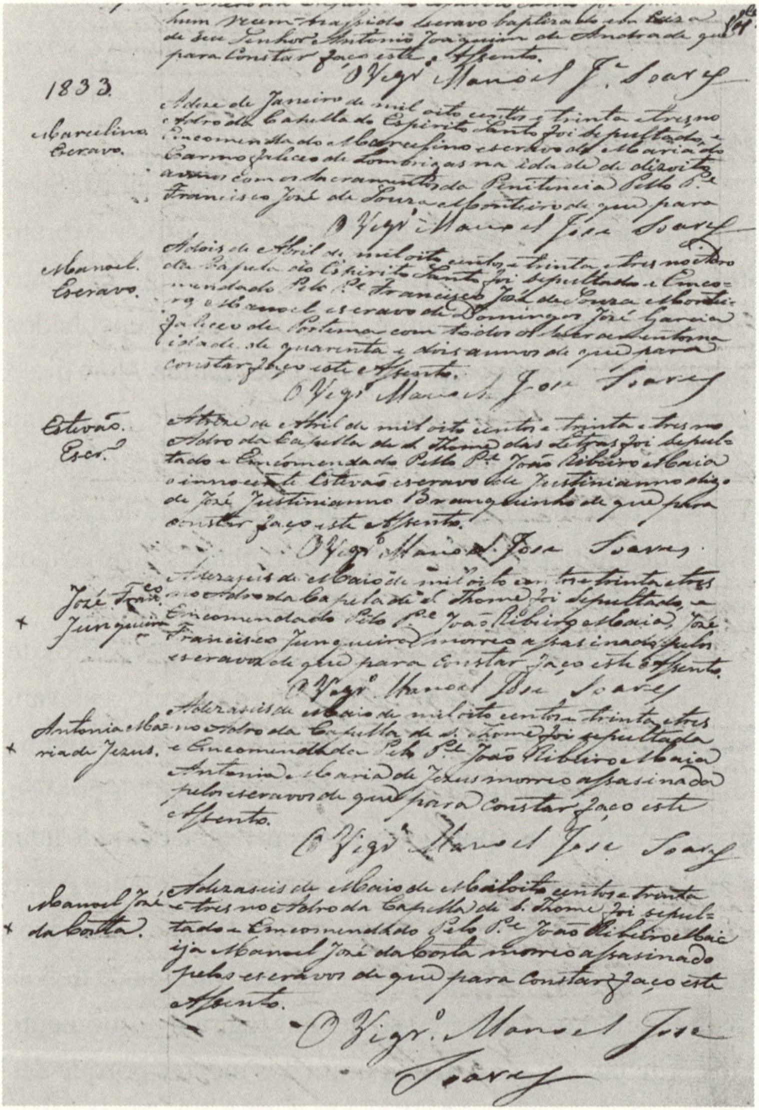

hum recem-traficado escravo baptizado em casa de seu Senhor Antonio Joaquim de Andrade que para constar faço este Assento.

O Vigr.º Manoel J.e Soares

1833.

Marcelina Escrava. — Aos dez de Janeiro de mil oito centos e trinta e tres no Adro da Capella do Espirito Santo foi sepultada e Encomendada Marcelina escrava de Maria do Carmo faleceo de lombrigas na idade de dezoito annos com os Sacramentos da Penitencia pello P.e Francisco José de Souza Monteiro de que para [constar]

O Vigr.º Manoel José Soares

Manoel Escravo. — Aos dois de Abril de mil oito centos e trinta e tres no Adro da Capella do Espirito Santo foi sepultado e Encomendado pello P.e Francisco José de Souza Monteiro Manoel escravo de Domingos José Garcia faleceo de Postema com todos os Sacramentos na idade de quarenta e dois annos de que para constar faço este Assento.

O Vigr.º Manoel José Soares

Estevão Escr.º — Aos dez de Abril de mil oito centos e trinta e tres no Adro da Capella de S. Thomé das Letras foi sepultado e Encomendado pello P.e João Ribeiro Maia o innocente Estevão escravo de Justinianno filho de José Justinianno Branquinho de que para constar faço este Assento.

O Vigr.º Manoel José Soares

\+ José Fran.co Junqueira — Aos dezaseis de Maio de mil oito centos e trinta e tres no Adro da Capela de S. Thomé foi sepultado e Encomendado pello P.e João Ribeiro Maia, José Francisco Junqueira morreo assassinado pelos escravos de que para constar faço este Assento.

O Vigr.º Manoel José Soares

\+ Antonia Maria de Jezus. — Aos dezaseis de Maio de mil oito centos e trinta e tres no Adro da Capella de S. Thomé foi sepultada e Encomendada pello P.e João Ribeiro Maia Antonia Maria de Jezus morreo assassinada pelos escravos de que para constar faço este Assento.

O Vigr.º Manoel José Soares

\+ Manoel José da Costa. — Aos dezaseis de Maio de Mil oito centos e trinta e tres no Adro da Capella de S. Thomé foi sepultado e Encomendado pello P.e João Ribeiro Maia Manoel José da Costa morreo assassinado pelos escravos de que para constar faço este Assento.

O Vigr.º Manoel José Soares

Assentos de óbito dos nove membros da família Junqueira mortos pelos escravos no dia 13 de maio de 1833

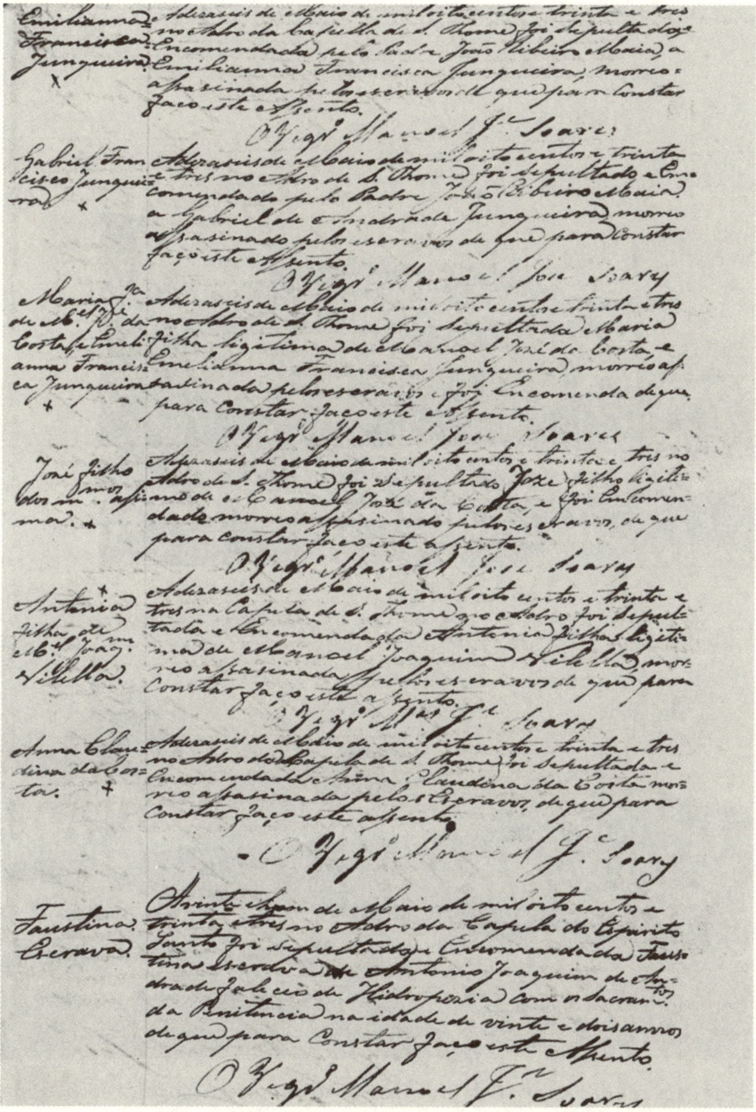

Emiliana Francisca Junqueira X — Adezaseis de Maio de mil oito centos e trinta e tres no Adro da Capella de S. Thome foi sepultada e Encomendada pelo Padre João Ribeiro Maia, a Emiliana Francisca Junqueira, morreo assasinada pelos escravos de que para Constar faço este Assento.

O Vigrº Manoel J.e Soares

Gabriel Francisco Junqueira + — Adezaseis de Maio de mil oito centos e trinta e tres no Adro de S. Thome foi sepultado e Encomendado pelo Padre João Ribeiro Maia, a Gabriel de Andrade Junqueira morreo assasinado pelos escravos de que para Constar faço este Assento.

O Vigrº Manoel Jose Soares

Maria filha de Mel. Jé da Costa e Emeliana Francisca Junqueira + — Adezaseis de Maio de mil oito centos e trinta e tres no Adro de S. Thome foi sepultada Maria filha legitima de Manoel José da Costa, e Emeliana Francisca Junqueira, morreo assasinada pelos escravos e foi Encomendada de que para Constar faço este Assento.

O Vigrº Manoel Jose Soares

José filho dos mesmos. + — Adezaseis de Maio de mil oito centos e trinta e tres no Adro de S. Thome foi sepultado Joze filho legitimo de Manoel José da Costa, e foi Encomendado morreo assasinado pelos escravos, de que para constar faço este assento.

O Vigrº Manoel Jose Soares

Antonia + filha de Mel. Joaqm. Villela. — Adezaseis de Maio de mil oito centos e trinta e tres na Capela de S. Thome no Adro foi sepultada e Encomendada Antonia filha legitima de Manoel Joaquim Villela, morreo assasinada pelos escravos de que para Constar faço este assento.

O Vigrº Mel. J.e Soares

Anna Claudina da Costa. + — Adezaseis de Maio de mil oito centos e trinta e tres no Adro da Capela de S. Thome foi sepultada e Encomendada Anna Claudina da Costa morreo assasinada pelos Escravos, de que para Constar faço este assento.

O Vigrº Manoel J.e Soares

Faustina Escrava. — Avinte e hum de Maio de mil oito centos e trinta e tres no Adro da Capela do Espirito Santo foi sepultada e Encomendada Faustina escrava de Antonio Joaquim de Andrade falecida de Hidropezia com os Sacramentos da Penitencia na idade de vinte e dois annos de que para Constar faço este Assento.

O Vigrº Manoel J.e Soares

Sede e senzala da Fazenda Bela Cruz (2003). Ao lado, descrição física de Antônio Rezende, depois de sua fuga da cadeia de São João del-Rei em 9 de novembro de 1835

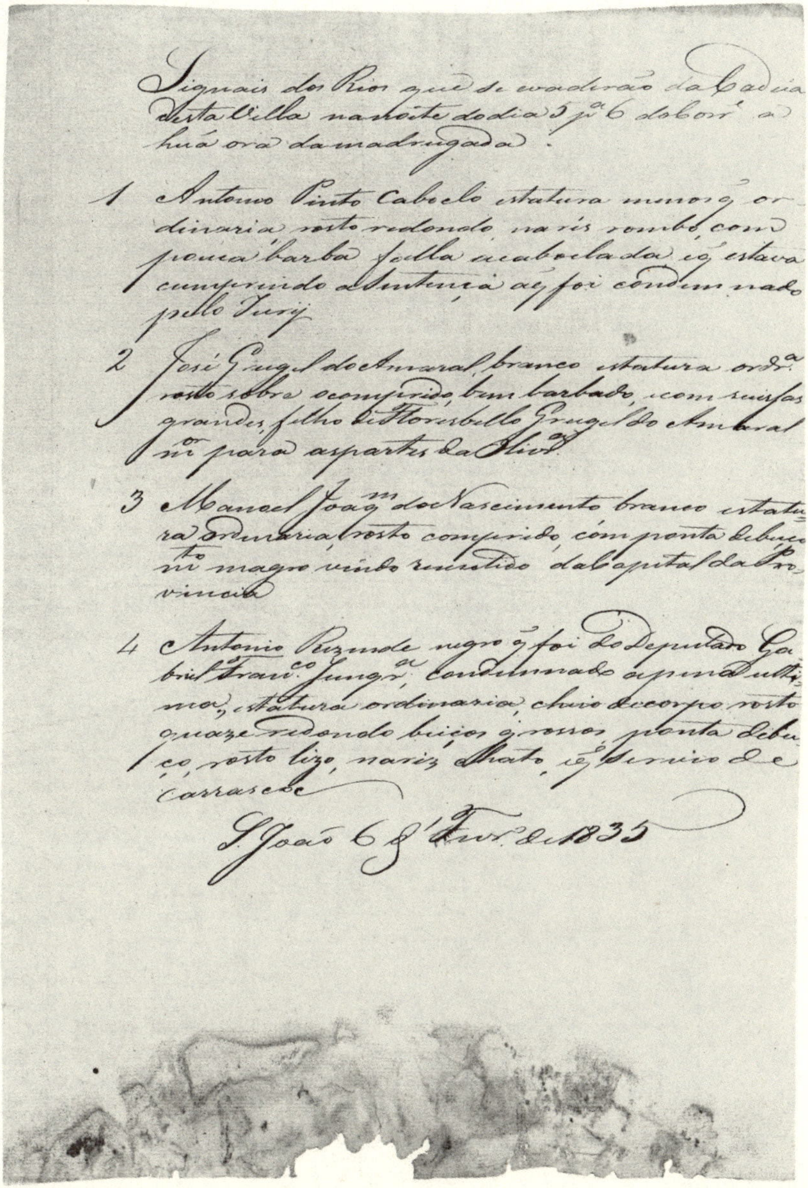

Signais dos Reos que se evadirão da Cadeia desta Villa na noite do dia 5 p.ª 6 do corr.e a huá ora da madrugada.

1 Antonio Pinto Cabeelo estatura menor q' ordinaria rosto redondo, naris rombo, com pouca barba, falla acaboclada, e q' estava cumprindo a sentença a q' foi condemnado pello Jury.

2 José Gurgel do Amaral, branco estatura ord.ª rosto sobre o comprido bem barbado, com suiças grandes, filho de Florebello Gurgel do Amaral m.or para as partes da Riv.ª

3 Manoel Joaq.m do Nascimento branco estatura ordinaria, rosto comprido, com ponta de buço m.to magro vindo remettido da Capital da Provincia

4 Antonio Rezende negro q' foi do Deputado Gabriel Fran.co Junqr.a condemnado a pena d'ultima, estatura ordinaria, cheio de corpo, rosto quaze redondo beiços grossos, ponta de buço, rosto lizo, nariz chato, e q' servia de carrasco

S. João 6 de Fev.º de 1835

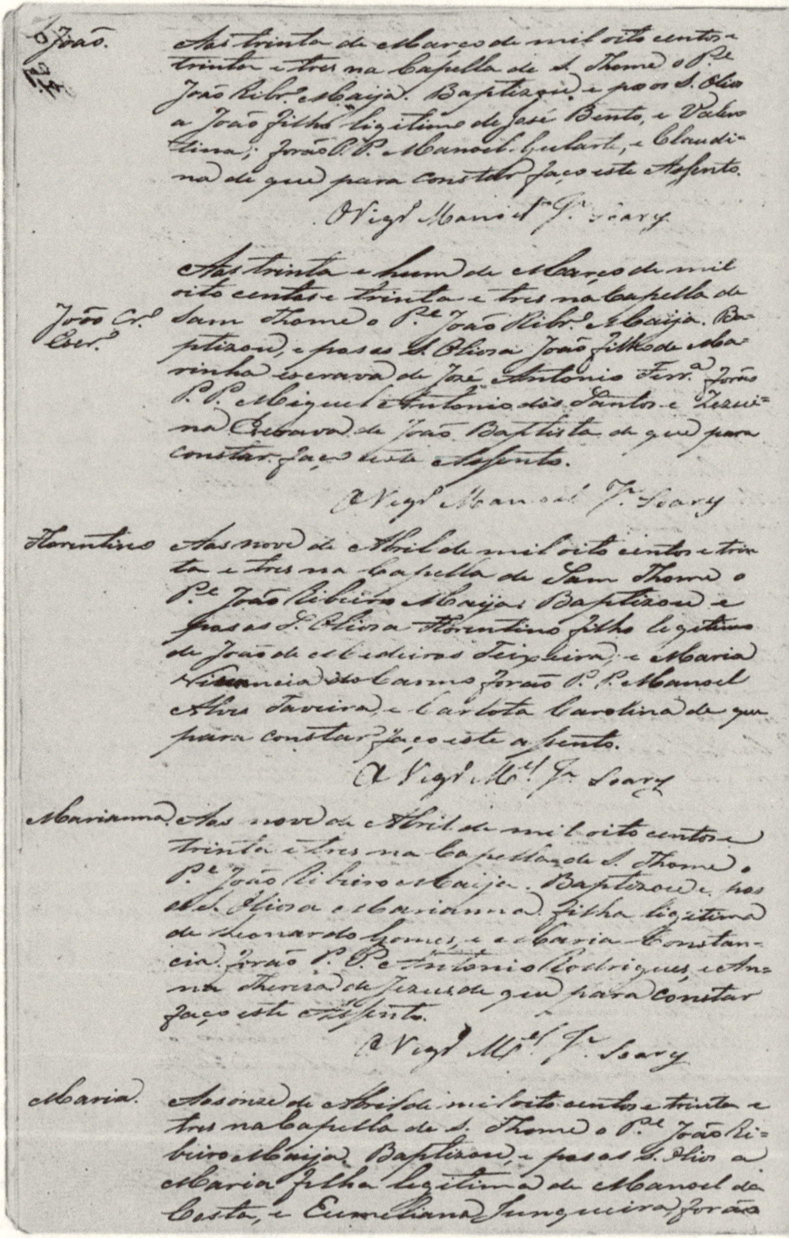

João / 2? — Aos trinta de Março de mil oito centos e trinta e tres na Capella de S. Thomé o P.e João Ribr.o Maijá. Baptizou, e pôs os S. Oleos a João filho legitimo de José Bento, e Valentina; forão P.P. Manoel Gularte, e Claudina de que para constar faço este Assento.

O Vig.o Man.el J.e Soary

João Cr.l Escr.o — Aos trinta e hum de Março de mil oito centos e trinta e tres na Capella de Sam Thomé o P.e João Ribr.o Maija. Baptizou, e pôs os S. Oleos a João filho de Marinha escrava de José Antonio Ferr.a; forão P.P. Miguel Antonio dos Santos e Leonina escrava de João Baptista de que para constar faço este Assento.

O Vig.o Man.el J.e Soary

Florentino — Aos nove de Abril de mil oito centos e trinta e tres na Capella de Sam Thomé o P.e João Ribeiro Maija Baptizou e pôs os S. Oleos a Florentino filho legitimo de João de Medeiros Teixeira, e Maria Vicencia do Carmo; forão P.P. Manoel Alves Taveira, e Carlota Carolina de que para constar faço este assento.

O Vig.o M.el J.e Soary

Marianna — Aos nove de Abril de mil oito centos e trinta e tres na Capella de S. Thomé o P.e João Ribeiro Maija. Baptizou e pôs os S. Oleos a Marianna filha legitima de Leonardo Gomes, e Maria Constancia; forão P.P. Antonio Rodrigues, e Anna Theresa de Jesus de que para constar faço este Assento.

O Vig.o M.el J.e Soary

Maria — Aos onze de Abril de mil oito centos e trinta e tres na Capella de S. Thomé o P.e João Ribeiro Maija. Baptizou, e pôs os S. Oleos a Maria filha legitima de Manoel da Costa, e Emiliana Junqueira; forão

Assentos de batismo de Maria, filha de Manoel José da Costa e Emiliana Francisca Junqueira (os três mortos pelos escravos 32 dias depois), e de Brígida, filha dos escravos Rafael e Florência, todos da Fazenda Bela Cruz. Os batizados ocorreram

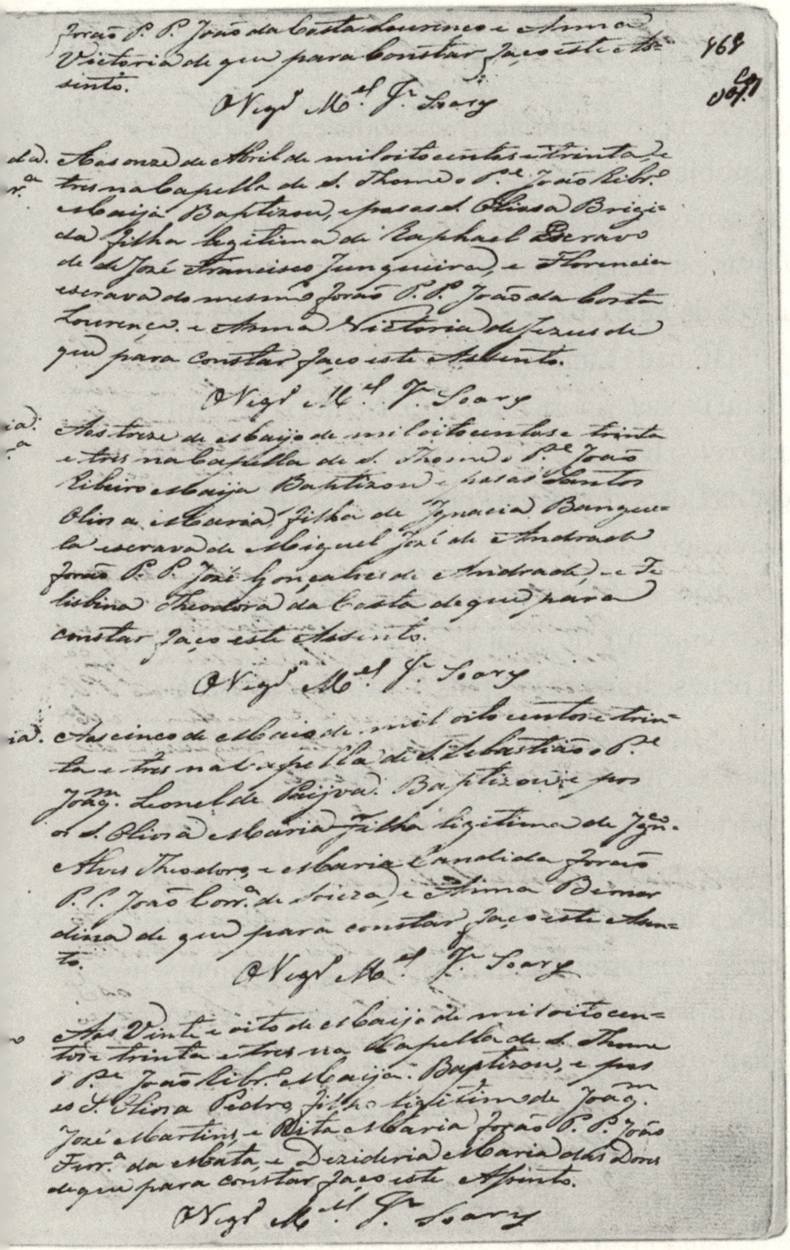
forão P. P. João da Costa Lourenço e Anna 467
Victoria de quem para constar faço este as-
sento.
O Vig.º M.el J.e Soares

As onze de Abril de mil oito centos e trinta e
tres na Capella de S. Thomé o P.e João Ribr.º
e Baija Baptizou, e pos os S. Oleos a Brigi-
da filha legitima de Raphael escravo
de d. José Francisco Junqueira, e Florencia
escrava do mesmo forão P. P. João da Costa
Lourenço e Anna Victoria de Jezus de
quem para constar faço este Assento.
O Vig.º M.el J.e Soares

As treze de Maio de mil oito centos e trinta
e tres na Capella de S. Thomé o P.e João
Ribeiro e Baija Baptizou e pos os S.tos
Oleos a Maria filha de Ignacia Banguel-
la escrava de Miguel José de Andrade
forão P. P. José Gonçalves de Andrade, e Fe-
licbina Theodora da Costa de quem para
constar faço este Assento.
O Vig.º M.el J.e Soares

As cinco de Maio de mil oito centos e trin-
ta e tres na Capella de S. Sebastião o P.e
Jm. Joaq. Leonel de Paiva Baptizou e pos
os S. Oleos a Maria filha legitima de Jm.
Alves Theodoro, e Maria Candida forão
P. P. João Corr.ª de Souza, e Anna Bernar
dina de quem para constar faço este Assen-
to.
O Vig.º M.el J.e Soares

As vinte e oito de Maio de mil oito cen-
tos e trinta e tres na Capella de S. Thomé
o P.e João Ribr.º e Baija Baptizou e pos
os S. Oleos a Pedro filho legitimo de Joaq.m
José Martins, e Rita Maria forão P. P. João
Ferr.ª da Matta, e Deziderio Maria das Dores
de quem para constar faço este Assento.
O Vig.º M.el J.e Soares

em 11 de abril de 1833, provavelmente no mesmo horário, na capela de São Tomé das Letras. Tiveram como padrinhos os pais de Manoel José da Costa: João da Costa Lourenço e Ana Vitória de Jesus

Na percepção senhorial, a hierarquia entre os cativos tinha por objetivo minar a solidariedade entre eles e garantir a paz nas senzalas. O compadrio também constituía uma dessas estratégias. Se não funcionou para uma parte dos cativos da Bela Cruz — Ventura Mina e os sete que o acompanharam da Campo Alegre —, funcionou para o escravo Rafael e sua esposa Florência. No dia 11 de abril de 1833, ocorreu o batismo das pequenas Maria, filha dc Manoel José da Costa e Emiliana Francisca Junqueira (mortos na insurreição 32 dias depois), e Brígida, filha de Rafael e Florência, todos da Bela Cruz. Ao que tudo indica, as relações de compadrio do casal de cativos com os senhores estavam bem sedimentadas, pois o batizado de Maria e o de Brígida ocorreram na mesma data, e provavelmente no mesmo horário, na capela de São Tomé das Letras, e tiveram como padrinhos os pais de Manoel José da Costa: João da Costa Lourenço e Ana Vitória de Jesus.[17] O estreitamento das relações do escravo Rafael com a família senhorial vai mais além, se atentarmos às informações registradas em seu interrogatório nos autos. Ele foi indiciado, mas não condenado, pois não teve participação direta na insurreição. Assim como Paulo, era um escravo carreiro. Quando chegou à sede da Bela Cruz, em seu carro de boi, as mortes já haviam ocorrido. Aproveitou para pegar a mulher e os filhos, entre eles Brígida, e "os conduziu para Campo Alegre". Ainda sobrou para ele a missão "por ordem de Antônio Penha para conduzir os cadáveres [de seus senhores] para São Tomé".[18]

Alguns dos que não tiveram participação efetiva nas mortes foram peças-chave na organização da revolta. Esse parece ser o caso de Joaquim Mina. Ele foi acusado de planejar a insurreição junto com Ventura Mina, apesar de ter dito que não matara seu senhor e sua família porque "lhe batera o coração",[19] depois foi condenado à pena máxima e enforcado em 23 de abril de 1834. Dos 31 escravos indiciados, dez foram absolvidos por não terem participação direta na morte de seus senhores e sua família. Outros dois escravos, Roque e Jerônimo, ambos nascidos no Brasil, de propriedade de Ana Luiza Gonçalves, da Fazenda da Prata, próxima à Jardim, foram acusados de serem "cabeças da insurreição". Eram escravos tropeiros e estavam encarregados de trazer as armas do Rio de Janeiro, a pedido do negociante Francisco Silvério. Presos no caminho, antes de chegar à fazenda e depois de iniciada a revolta, foram severamente castigados e levaram centenas de açoites. Como se tratava de cativos com ocupação importante para a época, e de grande valor, sua senhora resguardou o direito de propriedade e empenhou-se na soltura deles, com o compromisso de vendê-los para longe da província, conforme atesta parte dos autos transcrita neste livro.

Dos escravos absolvidos da Fazenda Bela Cruz, segundo o inventariante Gabriel José Junqueira, um dos autores da queixa-crime e filho de José Francisco, seis deles deveriam ser colocados à venda, "pelo horror e recordação que lhe fazem à vista".[20] Mesmo se tratando de escravos rebeldes, buscou-se minimizar os prejuízos econômicos em face do investimento na sua aquisição. Depois de onze tentativas de venda, Antônio Cassange, Manoel de Nação e Davi Crioulo foram arrematados; Rafael Crioulo (pai de Brígida e marido de Florência), José de Nação e Tomás de Nação ficaram com os herdeiros.

Os interrogatórios dos réus e os depoimentos das testemunhas no processo instaurado para apurar os responsáveis pela insurreição de Carrancas trazem exemplos das estratégias senhoriais para governar os cativos, que, no entanto, não foram suficientes para evitar um confronto direto. Julião Crioulo, por exemplo, era pajem de José Francisco, já sexagenário e cego (devido a uma doença congênita que acometeu vários homens da família), e ainda responsável por amansar cavalos. Provavelmente desfrutava de uma relação de muita proximidade com a família senhorial e gozava de benefícios a que a maioria dos cativos não tinha acesso, inclusive o de poder montar e amansar cavalos. Mas nem por isso prestou socorro a Manoel José da Costa, genro de seu senhor, quando ele retornou à Fazenda Bela Cruz e foi morto numa emboscada assim que cruzou a porteira. Manoel implorou a ajuda e a piedade de Julião quando foi agarrado por outros cativos rebeldes. Em vez de acudi-lo, deu-lhe com "um pau nas costas, do que acabou de cair".[21] O caso de Joaquim Mina também parece emblemático. Era escravo da Bela Cruz e responsável por feitorar os escravos na roça. Como seu senhor já era idoso e cego e os filhos homens já não residiam na fazenda, Joaquim Mina, talvez por ser um escravo de confiança, provavelmente podia andar armado. Pelo menos é o que sugerem os autos. Antônio Retireiro, por exemplo, buscou uma pistola carregada na senzala, de responsabilidade do feitor, e deu um tiro na face de seu senhor.

Ao que tudo indica, essa relação de confiança foi quebrada pela leitura que os escravos fizeram do contexto político das regências nas Minas Gerais, no qual estava profundamente envolvida a família Junqueira, e pelos significados que atribuíram então à luta pela liberdade. Somente o proprietário João Cândido da Costa, dono da Fazenda Bom Jardim, pôde contar com a fidelidade de alguns de seus escravos. Trancafiou a maioria deles na senzala, armou somente dois, nos quais tinha estrita confiança, e recebeu os insurgentes à bala. Segundo os autos, o líder Ventura, Inácio, Firmino, Matias e Antônio Cigano foram atingidos antes de cruzar a porteira e mortos naquele único confronto. A partir daí a insurreição perdeu força e muitos escravos fugiram e embrenharam-se nas matas, demorando alguns dias para serem capturados pelos proprietários e pela Guarda Nacional.[22] Isso representou o fim da insurreição.

Existe outra fonte localizada recentemente que traz mais detalhes de como teria sido a repressão aos insurgentes na Fazenda Jardim e indica que Ventura Mina não teria sido morto imediatamente, como sugerem as referências resumidas dos autos. Os membros da Guarda Nacional de Campanha, Lavras e Baependi partiram no encalço dos insurretos e foram cruciais para debelar a revolta. O coronel comandante da 1.ª legião da Guarda Nacional da vila da Campanha, Francisco de Paula Ferreira Lopes,[23] avô do jurista e memorialista Francisco de Paula Ferreira de Rezende, atuou na repressão aos insurgentes na Fazenda Jardim e forneceu detalhes muito relevantes a respeito do desfecho do levante, incluindo o dia e o horário aproximado em que teria sido morto o líder Ventura Mina. Chegou à Fazenda Jardim em 16 de maio e informou que já havia prendido trinta escravos insurretos, "entrando nesse número dois dos cabeças: *também, ontem foi morto, pelas quatro horas da tarde, o principal cabeça de nome Ventura pelo capitão do mato José Pires* e julgo abafada a insurreição porque só faltam oito dos revoltosos" (grifo meu).[24] Considerando o relato do coronel Francisco Lopes, Ventura teria sido morto somente dois dias após iniciada a insurreição, ou seja, em 15 de maio. Ele pode ter sido ferido antes de cruzar a porteira da Fazenda Jardim, se embrenhado nas matas da região e, depois de encontrado, morto pelo referido capitão do mato. Apesar de bastante resumido, o relato do coronel da Guarda Nacional traz uma informação crucial em relação à morte do líder Ventura Mina e ao fim da insurreição.

VIOLÊNCIA E ESCRAVIDÃO

Pode-se especular que a insurgência escrava e uma revolta tão sangrenta estariam associadas à violência do cativeiro e à forma como os escravos eram tratados por seus senhores, no caso específico, pela família Junqueira. Somente o escravo Julião Congo utilizou-se desse recurso, ao justificar a participação na morte de seu senhor porque este "*o tratava de mandrião, não estava contente com o seu serviço, dava-lhe pancadas ainda mesmo quando estava doente*" (grifo meu),[25] o que foi contestado pela parte acusadora. Parece que Julião Congo deu uma justificativa clássica para rebelar-se, e era comum os escravos a utilizarem, pois assim poderiam conseguir redução da pena. O que, no caso dele, não ocorreu. Foi enforcado na vila de São João del-Rei, em 4 de dezembro de 1833, junto com Quintiliano Crioulo, Pedro Congo e Sebastião Angola, conforme já mencionado.

Entretanto, é preciso levar em conta que a escravidão estava assentada em um sistema de extrema violência desde o processo inicial de escravização no continente africano, passando pela terrível travessia nos navios negreiros até a chegada e a vida em cativeiro nas Américas. A depender do tipo de trabalho e das condições nas fazendas, a rotina diária de muitos cativos poderia ser muito exaustiva, com impacto, inclusive, na redução de sua expectativa de vida. Mas compreendermos a escravidão somente na perspectiva da violência não nos ajuda a captar sua complexidade, longevidade e as inúmeras estratégias de homens, mulheres e crianças que sobreviveram em uma condição tão aviltante. As representações mais conhecidas e exploradas do sistema escravista foram registradas nas imagens dos tumbeiros, dos portos de desembarque e mercados, dos pelourinhos e dos açoites e nas páginas dos autos criminais da documentação coeva. Também foram reproduzidas em filmes, novelas e na literatura abolicionista, e reforçam uma visão bastante simplificada, no imaginário popular e no senso comum, daquela que foi uma instituição que durou mais de três séculos. Não se trata de negar essa dimensão e muito menos de subestimá-la. Os castigos e as sequelas das violências físicas, que poderiam resultar em invalidez e morte, foram registrados e estão presentes em inúmeros documentos, especialmente nos autos criminais. O evento em Carrancas é paradigmático. Nessa região, a violência foi exemplar, seja no confronto dos escravos com seus senhores e no rigor da aplicação da pena capital aos insurgentes por parte do Governo regencial, seja na memória coletiva da violência senhorial, que atravessou os séculos, como será discutido no último tópico.

O governo dos cativos, contudo, não se dava somente pelo castigo e pelos maus-tratos. Para diminuir a possibilidade de uma insurreição escrava ou mesmo do crime de homicídio contra senhores e feitores, era preciso usar estratagemas que, muitas vezes, tinham o objetivo de minar a solidariedade entre os escravos. A relação de dominação característica de uma sociedade escravista não era de mão única. Os senhores precisavam negociar com seus cativos, o que implicava não só reconhecer a humanidade deles, como reforçar as hierarquias no cativeiro, como a maior ou menor proximidade com a família senhorial e a divisão entre crioulos (nascidos no Brasil) e africanos de várias procedências. Essas hierarquias eram determinadas não só pela lógica do tráfico transatlântico, como também pelos próprios cativos. Os documentos sobre a escravidão atestam tais divisões e como elas foram exploradas pelos senhores, e também acionadas e reiteradas pelos próprios cativos em conflitos cotidianos, na constituição de irmandades e nos casos de fugas e revoltas.

Na Fazenda Bela Cruz, dos Junqueira, por exemplo, como consta dos autos, Joaquim Mina era feitor e Julião Crioulo, pajem de seu senhor e amansador de cavalos. Já Rafael Crioulo desfrutava de relações de compadrio com a família senhorial e chegou à Fazenda Bela Cruz depois de executadas as mortes. Pegou a mulher e os filhos e foi para a Campo Alegre. Foi ainda um dos responsáveis por levar o que restou do corpo de seus senhores para ser enterrado em São Tomé das Letras. Outra evidência documental de extrema relevância são as informações constantes dos livros de assentos paroquiais de matrimônios. Pouco mais de oito meses antes da insurreição, no primeiro dia de setembro de 1832, houve um casamento coletivo de cinco casais de escravos na ermida da Fazenda Bela Cruz: Joaquim Mina[26] e Vicência Crioula; Manoel da Costa (africano) e Anacleta; Manoel e Jacinta, escravos de José Francisco Junqueira; Julião Crioulo e Isabel da Costa (africana); Antônio e Mariana, ambos da Costa (africanos), escravos de Manoel José da Costa, genro de José Francisco.[27] Passados pouco mais de três anos da revolta, alguns cativos do deputado Gabriel Junqueira constituíram laços familiares. Em 30 de outubro de 1836, Antônio e Lucrécia, e Mateus e Flaviana se casaram na capela de São Tomé das Letras.[28]

Na lógica senhorial, investir na divisão e na premiação de alguns em detrimento de outros poderia abalar a solidariedade entre os cativos e estimular a fidelidade dos que usufruíam de ocupações e condições menos penosas no cotidiano do cativeiro. Mas essas ações nem sempre eram garantia de sucesso, como demonstrou a Revolta de Carrancas. Embora, na documentação coeva, os nomes dos escravos viessem arrolados depois de bois e cavalos como bens de grande valor, a dominação senhorial sempre esbarrava na humanidade do escravo. Mas se tratava de uma relação profundamente

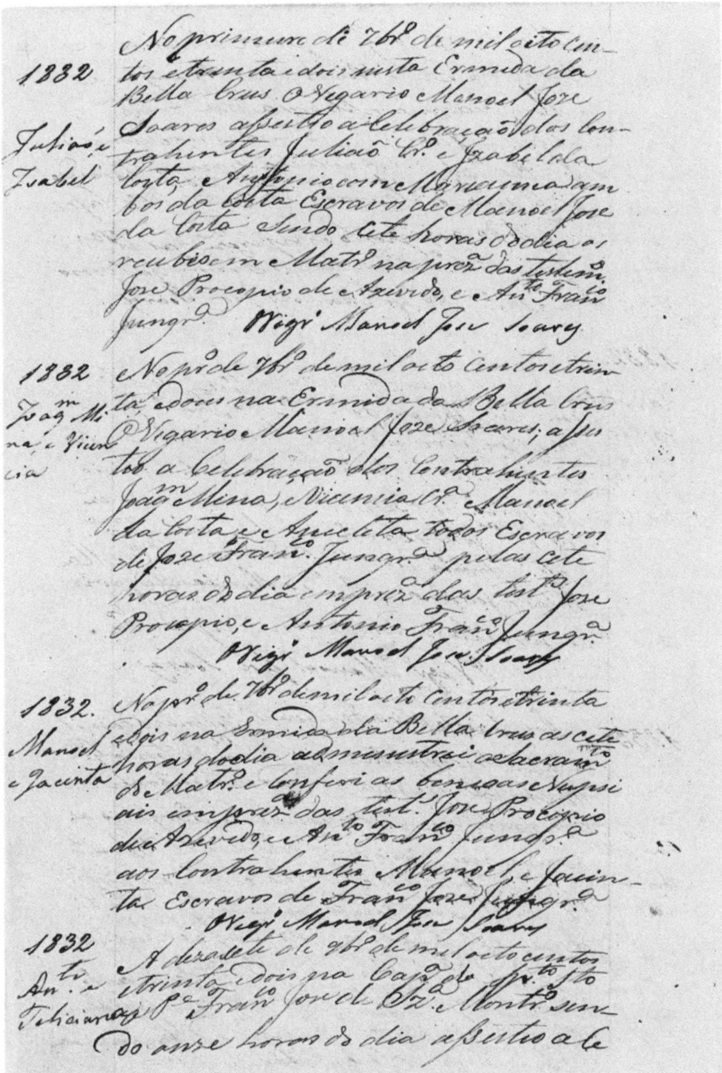

Assento de casamento de Joaquim Mina (feitor) com Vicência Crioula, escravos de José Francisco Junqueira, e de Julião Crioulo (pajem) com Isabel da Costa, escravos de Manoel José da Costa, no dia 1.º de abril de 1832

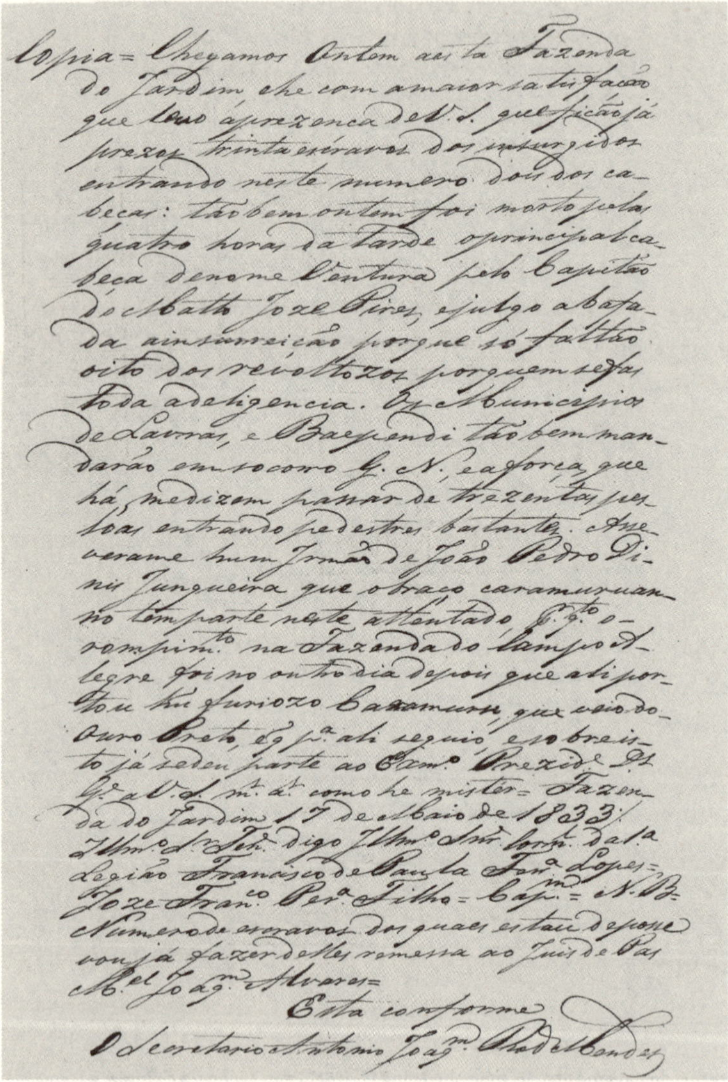
Copia = Chegamos Ontem aos ta Fazenda
do Jardim, e che com a maior satisfação
que levo a prezença de V. S. que ficão já
prezos trinta escravos dos insurgidos
entrando neste numero dois dos ca-
beças: tãobem ontem foi morto pelas
quatro horas da tarde o principal ca-
beça de nome Ventura pelo Capitão
do Matto Joze Pires, e julgo abafa-
da a insurreição porque só faltão
oito dos revoltozos porquem se fas
toda a deligencia. Os Municipios
de Lavras, e Baependi tãobem man-
darão em socorro G. N. e a força que
há, me dizem passar de trezentas pes-
soas entrando pedestres bastantes. Asse-
verame hum Irmão de João Pedro Di-
niz Junqueira que o traço caramuruan-
no tem parte neste attentado, e q.to o
rompim.to na Fazenda do Campo A-
legre foi no outro dia depois que ali por-
tou hu furiozo Caramuru, que veio do
Ouro Preto, e q. p.a ali seguio, e sobre is-
to já se deu parte ao Exm.o Prezid.e Ds.
G.e a V. S. m.s a.s como he mister = Fazen-
da do Jardim 17 de Maio de 1833 /
Illm.o Sr. Ten. digo Illm.o Snr. Com.e da 1.a
Legião Francisco de Paula Ferr.a Lopes =
Joze Fran.co Per.a Filho = Cap.m = N. B. =
Numero de escravos dos quaes estau de posse
vou já fazer delles remessa ao Juiz de Paz
Mel. Joaq.m Alvares =
Esta conforme
O Secretario Antonio Joaq.m Ro. de Mendes

Correspondência do comandante da 1.ª Legião da Guarda Nacional, Francisco de Paula Ferreira Lopes, relatando a repressão aos escravos insurretos na Fazenda Jardim e a morte do líder Ventura Mina, pelas mãos do capitão do mato João Pires assimétrica, e ambos, senhores e escravos, sabiam disso. O acesso à família, a roças e serviços especializados foi sempre fruto de muita luta e negociação, e inúmeros casos atestam que foi possível a preservação de laços familiares, culturais e religiosos. A conquista mais preciosa, sem dúvida, era a saída do cativeiro pela via legal, ou seja, a alforria, que poderia ser um projeto tanto individual como familiar ou grupal. Eram sempre necessárias a luta e a negociação constantes perante o poder de senhores, autoridades policiais e Igreja.

É preciso considerar que até o século XIX a grande maioria dos africanos e crioulos no Brasil viveu e morreu como escrava, não obstante a importância que a alforria adquiriu ao longo dos séculos XVIII e XIX, conferindo elasticidade e assim reforçando o sistema escravista por mais tempo. A resistência à escravidão se deu de várias formas: desde a busca de melhorias e a ampliação de espaços de autonomia no cotidiano da escravidão até os meios mais radicais, como foram os casos de fugas e formações de quilombos, chegando aos enfrentamentos mais explícitos e diretos contra os senhores, como nos casos de homicídio e insurreição. A revolta constituía o último recurso e o mais radical deles, pois tinha implicações terríveis para os insurretos. Talvez por isso as revoltas não tenham sido tão frequentes quanto poderíamos imaginar. Assim, para entendê-las é necessário analisar a sua especificidade e o contexto político, socioeconômico, cultural e regional em que ocorreram. O que teria acontecido então na região de Carrancas? Por que todos os recursos lançados pela família Junqueira não foram suficientes para manter a paz nas senzalas? E que tipo de leitura e apropriação política fizeram os escravos em relação à Sedição Militar de 1833 ao se identificarem como caramurus? É o que será analisado a seguir e que pode ajudar a compreender por que os escravos de Carrancas se tornaram caramurus negros.

A SEDIÇÃO MILITAR DE 1833

A década de 1820 e a seguinte foram marcadas por intensos debates em torno da liberdade e da cidadania e sobre o que era ser brasileiro e ser português. Também foi um período de discussão das diversas modalidades de liberalismo, surgidas a partir das ideias de pensadores franceses e ingleses. A tribuna, a imprensa e as sociedades secretas e políticas constituíram espaços fundamentais nos quais essas questões eram tratadas. Esses espaços adquiriam uma dimensão cada vez mais pública e não se limitavam aos círculos de poder estabelecidos e em construção. Poderiam ser apropriados e lidos de diversas maneiras pelos segmentos sociais subalternos, como os escravos, conforme será demonstrado adiante.

Alguns anos após a Independência do Brasil, em 10 de março de 1826, d. João VI faleceu. Com isso, d. Pedro I tornou-se, ao mesmo tempo, imperador de Portugal e do Brasil, já que seu pai não havia resolvido, de antemão, o problema da sucessão do trono. Por sua vez, d. Pedro I abdicou do trono português em favor de sua filha Maria da Glória, o que gerou uma disputa acirrada em Portugal, com seu irmão d. Miguel. A conjuntura política do recém-criado Império brasileiro também não era favorável a d. Pedro, devido às disputas territoriais com a Argentina e o Uruguai, que levaram à Guerra Cisplatina. O imperador concentrava o Poder Executivo e o Poder Moderador, mas sofria resistência por parte do Legislativo, representado pela Assembleia Geral, composta de duas câmaras: a Câmara dos Deputados (cuja primeira legislatura foi eleita, pelo voto censitário, em 1826) e o Senado. Cabe destacar que a província de Minas Gerais possuía a maior bancada na Câmara, com nada menos que vinte deputados.

No início da década de 1830, a situação agravou-se bastante e tornou-se insustentável. A oposição ao imperador ganhava força entre parte dos brasileiros liberais em várias províncias, que o viam como um déspota absolutista. O grupo que o apoiava era composto, em sua maioria, de portugueses ou de aliados de seu gabinete, chamados de caramurus. Numa tentativa de recuperar o prestígio político, reforçar as alianças com seus apoiadores e enfrentar a oposição dos liberais, d. Pedro I fez a sua segunda viagem à província de Minas Gerais. Se comparada com a de 1822, ocasião em que o imperador foi ovacionado e recebido com todas as honras de arauto da Independência, a viagem de 1831 não obteve o sucesso esperado. Enfrentou forte oposição dos liberais mineiros, potencializada pelo assassinato do jornalista italiano Líbero Badaró, radicado na província de São Paulo, ocorrido em 21 de novembro de 1830. O crime foi atribuído ao imperador e seus partidários. O jornalista tornou-se uma espécie de herói dos liberais e símbolo da luta pela liberdade de imprensa.

Depois de quase dois meses de viagem pela província de Minas, o grupo que apoiava d. Pedro organizou uma recepção para a sua chegada ao Rio de Janeiro. Essa foi a deixa para que liberais e opositores organizassem uma contraofensiva que ocupou as ruas da cidade entre os dias 11 e 14 de março de 1831. O Rio tornou-se palco de conflitos entre portugueses e brasileiros, que se enfrentaram com paus, garrafas e outros objetos. Daí o nome pelo qual o episódio ficaria conhecido: Noite das Garrafadas.

Em 7 de abril, o imperador abdicou do trono. E conforme previa a Constituição, em virtude da menoridade do sucessor, d. Pedro II, que tinha pouco mais de cinco anos, instaurou-se a Regência. Inaugurou-se no país uma nova fase de experimentação e disputa de projetos políticos, que envolveu a participação de diferentes segmentos sociais. Eclodiram revoltas, sedições, insurreições e violentos protestos em várias províncias, com forte repressão militar, sobretudo em relação à população subalterna, como pobres, indígenas e escravos.

Essas disputas políticas se davam entre três agrupamentos políticos principais, que existiam praticamente em todas as grandes províncias do Império: os liberais moderados, os liberais exaltados e os já citados caramurus, aqueles próximos do ex-imperador. Os liberais moderados defendiam a monarquia constitucional e a descentralização política. Os liberais exaltados defendiam os mesmos princípios, mas tinham maior atuação popular, além de alguns postularem ideias republicanas. Já os caramurus eram tidos pelos liberais como conservadores e absolutistas — alguns deles defendiam a restauração do trono de d. Pedro I, logo após a sua abdicação. Esse grupo político era mais forte na cidade do Rio de Janeiro e perdeu seu sentido após a morte de d. Pedro I (conhecido em Portugal como d. Pedro IV), no Palácio de Queluz, em 24 de setembro de 1834, próximo de completar 36 anos.

Como era um tempo de experimentação política e de construção das bases do Estado nacional brasileiro, havia muitas divergências dentro de um mesmo agrupamento político, como se poderá perceber na Sedição Militar de 1833. Também não era incomum que algumas lideranças, considerando as correlações de força e as conjunturas, mudassem seu posicionamento político. O caso mais emblemático é o do deputado Bernardo Pereira de Vasconcelos. Liberal moderado no início da década de 1830, a partir de 1836 se tornou um dos principais articuladores do Regresso Conservador, que culminou nas reformas da década de 1840 e na centralização do poder no Império. Os confrontos de ideias e projetos dos três grupos políticos se davam no Parlamento, nos movimentos de rua, nas associações e sobretudo na imprensa, muitos deles de forma incisiva e até mesmo insultuosa. Esses confrontos também foram responsáveis por organizar rebeliões e sedições e até mesmo aliciar escravos, como ocorreu em Carrancas.

Essa breve exposição da conjuntura política é necessária para compreender como a Revolta de Carrancas esteve profundamente imbricada no processo de formação do Estado nacional brasileiro e nos projetos políticos em disputa que caracterizaram o período das regências (1831-40). Não obstante os embates entre os três agrupamentos mencionados, os liberais moderados acabaram dando a direção política do Império, tanto na defesa do sistema de Governo monárquico e na manutenção dos poderes atribuídos ao Legislativo, conforme definia a Constituição de 1824, como na autonomia e na descentralização política das províncias.

No caso específico de Minas Gerais, a província foi palco de uma sedição militar que se iniciou em Ouro Preto, em 22 de março de 1833, e se encerrou em 23 de maio do mesmo ano, revelando as disputas e dissidências entre os liberais moderados. Ficou conhecida como Sedição Militar de 1833 ou Revolta do Ano da Fumaça (referência à névoa/fumaça que pairava sobre a cidade na época). Durante esses dois meses, a capital da província foi ocupada pelo conselheiro Manoel Soares do Couto e seus aliados. A sedição foi interpretada pelas forças moderadas como um movimento de restauradores do trono de d. Pedro e desordeiros, particularmente militares. Poucos dias depois, mais precisamente em 5 de abril, o Governo legal foi transferido para a vila de São João del-Rei, com a presença de Bernardo Pereira de Vasconcelos (vice-presidente) e, posteriormente, de Manuel Inácio de Melo e Sousa (presidente). O "Governo intruso", como foi designado pelos liberais moderados, libertou vários militares acusados de serem partidários da restauração do trono do imperador, além de reduzir a taxação sobre a aguardente, reorganizar a tropa e suspender a proibição dos sepultamentos nas igrejas, entre outras medidas. As forças sediciosas eram muito heterogêneas, compostas de partidários de tendências políticas diversas, inclusive de liberais moderados, e contaram com a participação de distintos estratos sociais.

Nos termos deste texto, não se trata de definir se a sedição era ou não um movimento restaurador. O que importa destacar é que a família Junqueira fazia parte do seleto grupo de fazendeiros negociantes que controlava parte da criação e do comércio de gado, porcos e derivados para a capital do Império e estava profundamente envolvida com as questões políticas da época. E um de seus membros, Gabriel Francisco Junqueira, que conseguiu ascender à Câmara dos Deputados do Império, fazia parte do grupo liberal moderado alijado do poder na capital da província, entre março e maio de 1833. Portanto, trata-se de pensar como essas designações e identidades políticas eram acionadas tanto entre as elites como entre outros segmentos sociais marginalizados, como os escravos.

A eleição de Gabriel Junqueira para deputado-geral foi um marco importante na história política da comarca do Rio das Mortes e da província de Minas Gerais. Durante os meses de janeiro e fevereiro de 1831, d. Pedro I fizera sua segunda viagem ao território mineiro, passando por várias localidades, como as vilas de Barbacena, São João del-Rei, Sabará, Caeté, Mariana e Ouro Preto, com o objetivo de recompor as forças políticas, já fragilizadas na Corte, em virtude das disputas com os grupos liberais. Além da tradicional comitiva, viera acompanhado de seu ministro José Antônio Maia, candidato à reeleição pela província de Minas Gerais, mas não conseguiu o apoio das lideranças liberais mineiras. O efeito foi contrário: a resposta da maioria do eleitorado liberal moderado mineiro foi uma votação expressiva em Gabriel Junqueira, um fazendeiro escravista, de trajetória política local — havia sido vereador na Câmara da vila de São João del-Rei. Em contrapartida, essa vitória aparentemente não foi bem digerida por seus oponentes. O mal-estar em relação à eleição de Gabriel também transparece no depoimento de algumas testemunhas do processo da Revolta de Carrancas. Segundo o capitão Manoel Álvares, quando esteve em São João del-Rei, por ocasião da derrota do candidato Silva Maia, José Rodrigues Carneiro "lhe contou [...] que passando Gabriel Francisco Junqueira pela rua defronte da casa de Manoel José da Costa Machado, dissera este para o dito Carneiro, apontando para o dito Gabriel — aí vai o seu deputado, deixo que há de ser vítima de seus próprios escravos".[29]

É importante situar, ainda que brevemente, o impacto causado pela vitória de Gabriel Junqueira sobre o ministro José Maia e como, a partir daí, o deputado passou a ser uma liderança regional de importância, embora não editasse nenhum periódico com divulgação de ideias políticas, como era o caso de outros deputados-gerais eleitos pela província de Minas Gerais, a exemplo de Bernardo Pereira de Vasconcelos, Evaristo da Veiga e José Bento Ferreira Leite.

Voltemos à sedição de 1833. Um dos boatos associados a ela era de que os caramurus haviam abolido a escravidão na capital da província. Historicamente não há nenhuma evidência de que os sediciosos de Ouro Preto defendessem a libertação dos escravos ou mesmo de que a questão fosse aventada por alguma das lideranças envolvidas no movimento, ainda mais em plena intensificação do tráfico transatlântico de cativos e da escravidão em Minas Gerais. Ao contrário, tratou-se de uma disputa de poder entre as elites políticas mineiras, estreitamente vinculada à manutenção da ordem escravista, situação que teve diferentes impactos regionais na província. Contudo, as disputas em torno de projetos políticos e dos significados da liberdade não ficaram restritas às elites e aos estratos sociais médios.

A comarca de Rio das Mortes, por exemplo, apesar de ter tido a vila de São João del-Rei como sede do Governo legal e de ser um dos pontos de reunião da Guarda Nacional que combateu os sediciosos em Ouro Preto, foi também palco da Revolta de Carrancas. Compreender que existe correlação entre essa revolta e a Sedição de 1833 de forma alguma desqualifica a ação dos escravos ou faz deles meras vítimas de agenciadores e incitadores, como deixa transparecer a documentação. Se tomarmos como procedentes as acusações dos autos, presentes no depoimento de várias testemunhas e de todos os escravos interrogados, o boato de que os caramurus acabaram com a escravidão em Ouro Preto circulou com frequência entre os cativos, a partir das conversas que Francisco Silvério Teixeira tivera com Ventura Mina, e este com os demais escravos. A arregimentação e a sedução de pessoas livres pobres, pardos e até mesmo escravos não eram estratégias incomuns na história da escravidão brasileira e, muito menos, no tempo do Império ou no escravismo nas Américas.

Ali mesmo em Carrancas, dois anos antes, em julho de 1831, um vigário chamado Joaquim José Lobo foi acusado de aliar-se aos restauradores e de insuflar os escravos a se rebelarem, ao propagar o boato de que o imperador d. Pedro I tinha sido obrigado a abdicar do trono porque queria alforriar os escravos. O padre foi denunciado pelo escravo Francisco, de propriedade de Joaquim da Silva Paes. A situação agravou-se ainda mais depois que um dos escravos de outro vigário, Joaquim Leonel de Paiva, tentou assassiná-lo. O cativo Jorge foi encontrado debaixo do leito de seu senhor com um pau de quatro palmos e uma faca. Depois de preso, confessou que tencionava assassinar o seu senhor e se juntar a outros escravos para fazer o mesmo com seus respectivos senhores, por orientação de Joaquim José Lobo. Foram indiciados e presos o dito vigário e Domingos Crioulo, liberto e procurador da Irmandade do Rosário do distrito de Carrancas. Domingos foi acusado de ser um dos agentes da tentativa de insurreição e de buscar arrecadar esmolas entre a escravatura com o objetivo de celebrar um terço em honra a Nossa Senhora do Rosário depois que a revolta se consumasse e os senhores fossem mortos. Devido a irregularidades na formação de culpa, inclusive a ausência de auto de corpo de delito, depois de algum tempo presos, os dois indiciados foram soltos. O vigário Joaquim José Lobo foi transferido para um distrito menor — Capela do Saco, pertencente à freguesia de Carrancas. Tudo indica que essa tentativa de insurreição ficou marcada na memória da elite escravocrata e das autoridades da região, pois o vigário foi uma das primeiras pessoas citadas como agenciador da Revolta de Carrancas, efetivamente deflagrada em 13 de maio de 1833,[30] mas, por falta de provas, não foi indiciado.

"NOTÍCIA QUE SE DÁ EM ALTAS VOZES" E "QUE SE ESPERA COM GRANDE ALVOROÇO"

Se atentarmos para o significado da palavra *boato* nos dicionários dos séculos XVIII e XIX, veremos um sentido muito próximo do que talvez teria representado a notícia transmitida por Francisco Silvério Teixeira a Ventura Mina e deste aos demais companheiros de cativeiro, nas senzalas das propriedades dos Junqueira. Segundo Antônio de Morais Silva, *boato* significa "a notícia ou a novidade que se dá claramente em altas vozes".[31] Ou, segundo Rafael Bluteau, o sentido figurado de *boato* é "estrondo da fama ou de uma nova opinião ou de coisa que se espera com grande alvoroço".[32] Apropriando-me dos sentidos dados pelos dois dicionaristas, provavelmente os escravos interpretaram o boato de que a escravidão havia acabado em

Ouro Preto e de que os caramurus os queriam forros como uma novidade que se dá claramente em altas vozes, ou algo que se espera com grande alvoroço. O que importa ressaltar é que os escravos também se apropriaram das identidades políticas em confronto e passaram a se autointitular caramurus.

Mas quem era o homem branco que conseguiu mobilizar e instruir os escravos a se rebelarem, se for considerada procedente a versão dos autos? Ao examinarmos os indícios existentes sobre ele no processo-crime, Francisco Silvério Teixeira morava havia mais de vinte anos no distrito do Rio do Peixe, freguesia de Três Corações do Rio Verde, termo de Campanha, onde vivia da agricultura, da criação de animais e de cobranças. Sua prole era numerosa, catorze filhos no total, e possuía dezenove cativos. Em dezembro de 1833, época de seu interrogatório, estava com 73 anos. A atividade de negociante também pode ser confirmada por alguns outros indícios presentes nos autos. Tudo indica que sua ocupação lhe exigia uma circulação mais ou menos frequente entre os caminhos e as propriedades da região. No dia da insurreição, passou pelas fazendas da família Junqueira acompanhado de um cargueiro, pois, "achando-se caída a ponte do rio Grande do Saco, em maio de 1833, o réu teve a necessidade de ir passar na ponte dos Tavares, e por isso foi que seguiu sua jornada da Fazenda do Campo Alegre, à do Campinho, e Pitangueiras".[33]

Em seu interrogatório, o réu afirmou que havia caído um carro de boi nessa ponte e era necessário que o juiz de paz, Gabriel Francisco de Andrade Junqueira, despachasse logo um requerimento que "ele respondente lhe tinha entregue sobre uma estrada a respeito da qual ele tem demanda".[34] Nos autos não há maiores referências à abertura dessa estrada, mas, ao que parece, era uma rota importante para Francisco Silvério e outros proprietários da região. Já na contestação do libelo, Francisco Silvério afirma ter passado pela fazenda do deputado para pedir um despacho a respeito da abertura de "uma estrada litigiosa com Antônio da Costa Silva e outros".[35] O adendo ao libelo acusatório, interposto pelo autor da queixa, o deputado Gabriel Francisco Junqueira, contribui para elucidar alguns aspectos do litígio. Tudo indica que essa contenda já durava muitos anos, e Francisco Silvério não conseguira do presidente da província, Manuel Inácio de Melo e Sousa, um despacho favorável à construção da estrada. Assim que o presidente foi deposto, logo depois de iniciada a Sedição de 1833, Manoel Soares do Couto, líder dos revoltosos, autorizou a abertura da estrada.[36] No dia da insurreição, inclusive, antes do almoço, Francisco Silvério esteve na fazenda do deputado Gabriel Francisco Junqueira, que se encontrava na cidade do Rio de Janeiro, para que o juiz de paz do curato de São Tomé das Letras, o "senhor moço", filho do deputado, assinasse o despacho a respeito da abertura da referida estrada.

Em tempos pretéritos, tudo indica que Francisco Silvério era bastante próximo dos Junqueira. Nos autos, ele e Gabriel Francisco se tratavam por "compadres". O parentesco ritual já existia quase duas décadas antes da insurreição. No dia 22 de novembro de 1813, o padre Antônio Francisco Junqueira, irmão de Gabriel Junqueira, batizou Luiza, filha legítima de Francisco Silvério, que teve como padrinhos Gabriel Francisco Junqueira e Genoveva Francisca Junqueira.[37]

Existem fortes indícios de que o deputado não estava convencido da inocência do réu e, no adendo ao libelo acusatório, chamou a atenção para o comportamento malicioso de Francisco Silvério, que havia denunciado que o próprio sobrinho do deputado, o coronel João Pedro Diniz Junqueira, estava envolvido na revolta e havia instruído o líder Ventura Mina a promover a insurreição. Na versão do deputado, Francisco Silvério apresentou alguns embargos e justificações caluniosas no Juízo de Campanha e Pouso Alegre, alegando que o coronel João Pedro "prometera 200$000 a um capitão do mato Pires, para este matar ao preto Ventura, a fim de que este nunca descobrisse o autor da insurreição".[38] Se a acusação é procedente, não é possível saber. Mas pelo menos em relação ao responsável pela morte de Ventura Mina, o relato coincide com o do coronel comandante da Guarda Nacional da vila de Campanha, mencionado anteriormente.

Ou seja, na versão dada por Francisco Silvério, segundo o referido adendo ao libelo acusatório, não fora ele o agenciador da revolta, e sim o sobrinho do deputado. Ainda segundo Gabriel Francisco Junqueira, Manuel Joaquim Alves, suposto aliado de Francisco Silvério, castigou um dos pretos da Fazenda da Prata, enquadrado como "cabeça" da insurreição, obrigando-o a confessar que o coronel João Pedro tinha tramado a revolta junto com o escravo Ventura. E mesmo sob castigo, o cativo teria confirmado que Francisco Silvério era o responsável pelo agenciamento da revolta. O negociante passou dezenove meses preso e só foi solto depois que o deputado Gabriel Francisco Junqueira e seu sobrinho, filho de José Francisco Junqueira, proprietário morto da Fazenda Bela Cruz, renunciaram ao processo. Dos autores da queixa, o deputado, em particular, não estava convencido da inocência do réu. Gabriel Junqueira só retirou a acusação, em 21 de dezembro de 1834, depois que Francisco Silvério desistiu "daqueles imundos, nojentos e caluniosos embargos e justificações"[39] contra seu sobrinho João Pedro.

O coronel João Pedro Diniz Junqueira tornou-se um importante proprietário na década de 1830. Possuía uma das maiores escravarias da família Junqueira e a imponente Fazenda Traituba. Na memória familiar, reza a lenda que era próximo de d. Pedro I, de quem recebia presentes e com quem realizava caçadas na província do Rio Janeiro, prática comum da nobreza e também da família Junqueira. Dizia-se até que uma visita da realeza à sede da fazenda fora programada. Só que isso nunca ocorreu. A Traituba teve a sua construção finalizada em 1831, quando o imperador já se encontrava do outro lado do Atlântico. O marco do ano de término da construção da fazenda pode ser visto ainda hoje e está gravado em pedra-sabão, no portão principal da edificação.

Em relação à acusação feita por Francisco Silvério, parece pouco provável que o sobrinho do deputado tivesse vínculos com a insurreição dos escravos, que colocava em risco sua própria família. A acusação do negociante pode ter sido uma estratégia para desviar a atenção dos fatos e, consequentemente, tentar eximir-se da culpa que lhe foi imputada. Teria Francisco Silvério rompido com os Junqueira devido aos prejuízos econômicos que vinha tendo pelo fato de os caminhos de escoamento da produção sul-mineira estarem nas mãos dessa família e seus aparentados? Teria sido ele inicialmente aliado do grupo político de Gabriel Junqueira, mas depois passara a fazer parte do grupo dissidente que havia tomado o poder em Ouro Preto, no período de março a maio de 1833? Ou seria até um caramuru e partidário da restauração do trono de d. Pedro I, como parte do grupo da cidade do Rio de Janeiro? São questões de difícil resposta, pois ele não tinha nenhuma atividade política declarada. Era um médio proprietário escravista e agropecuarista, e vivia de fazer negócios e transitar com tropas de cargas nos caminhos da região. Mas essas indagações nos ajudam a especular sobre quais seriam as suas motivações para fomentar a Revolta de Carrancas.

Não deixa também de ser bastante intrigante a atitude do deputado Gabriel Junqueira, seu compadre: se não estava convencido da inocência de Francisco Silvério, por que acabou desistindo da acusação? Porventura o coronel João Pedro Diniz pertenceria ao grupo dissidente dos liberais moderados? Ou estaria alinhado aos caramurus do Rio de Janeiro, em virtude da proximidade com o ex-imperador, se considerarmos procedentes as memórias da família Junqueira? Em períodos de conturbação política, e especialmente no período em questão, não era incomum as famílias se encontrarem divididas, até mesmo em partidos opostos. Embora os autos não tragam elementos que permitam confirmar a veracidade das acusações de Francisco Silvério contra o sobrinho do deputado, são hipóteses que não podem ser descartadas.

Montar o quebra-cabeça dessa história não é tarefa das mais fáceis. Muitas vezes, as peças parecem não se encaixar, ou não existir, ou não serem dignas de menção. Pode ter havido um "pacto de silêncio" entre os envolvidos, pois as acusações de agenciamento e de incitamento dos escravos partiram dos dois grupos políticos em disputa (liberais moderados e caramurus), que se acusavam mutuamente, embora a versão dos moderados tenha sido a mais hegemônica nos autos e nas poucas notícias que circularam na imprensa da época.

Em relação aos escravos da região de Carrancas, o que representou lançar mão de uma estratégia tão arriscada na busca da liberdade? Como interpretar sua ação política diante da conjuntura conturbada da Regência e, particularmente, da cisão entre as elites políticas mineiras materializada na Sedição Militar de 1833? Há indícios claros de que eles incorporaram a identidade caramuru, fosse para se insurgirem contra os Junqueira, fosse por acreditarem que aquele grupo político defendia a sua libertação do cativeiro. Segundo os autos, o retireiro Antônio Benguela, por exemplo, gostava de utilizar o codinome "caramuru".[40]

Há outra evidência de grande importância, registrada no processo-crime. Trata-se do depoimento de duas testemunhas, ambas agregadas da Fazenda Jardim, a última a ser atacada pelos escravos e onde ocorreu a morte de Ventura Mina e de mais quatro de seus companheiros (João Inácio, Firmino, Matias e Antônio Cigano), e também a dispersão dos revoltosos e o fim da insurreição. Maria Joaquina do Espírito Santo, 60 anos, e Manoel José da Costa, 64 anos, ambos pardos, eram casados e agregados na Fazenda Jardim.[41] Segundo o depoimento de Maria Joaquina, já era noite quando "entraram pelo seu terreiro um bando de pretos, cujo número ela testemunha não pôde calcular em razão de ser já escuro, entrando alguns pela casa adentro, disseram a ela e a seu companheiro que entregassem logo, e logo as espingardas, quando não que morriam". Manoel buscou duas espingardas que estavam em outro local fora da casa, e as entregou aos insurgentes. Mas, antes de partirem, "o preto Antônio Benguela pulava no seu terreiro e batia nos peitos dizendo para ela e seu companheiro: *vocês não costumam a falar nos caramurus, pois conheçam agora os caramurus, nós somos os caramurus e vamos arrasar tudo*" (grifo meu).[42]

Mas qual seria a origem do termo *caramuru*? Embora tenha se configurado como identidade política de um dos "partidos" dos primeiros anos da década de 1830, sua origem remonta ao período colonial, à conhecida história do português Diogo Álvares Correia, que sobreviveu a um naufrágio na Bahia, por volta de 1510. Ele teria sido salvo da captura pelos tupinambás depois de disparar seu arcabuz, sendo logo identificado como "homem do fogo", "filho do trovão" (acepções do termo *caramuru* no tupi). Daí em diante passou a ser admirado pelos indígenas e casou-se com a lendária Paraguaçu. Esse personagem acabou se tornando um mito da fundação do Brasil, imortalizado na literatura, no poema *Caramuru*, de Santa Rita Durão, em 1781. Para a história, Diogo Álvares Correia, ou simplesmente Caramuru, foi um importante aliado da Coroa portuguesa e dos jesuítas e contribuiu sobremaneira para o empreendimento colonizador da primeira metade do

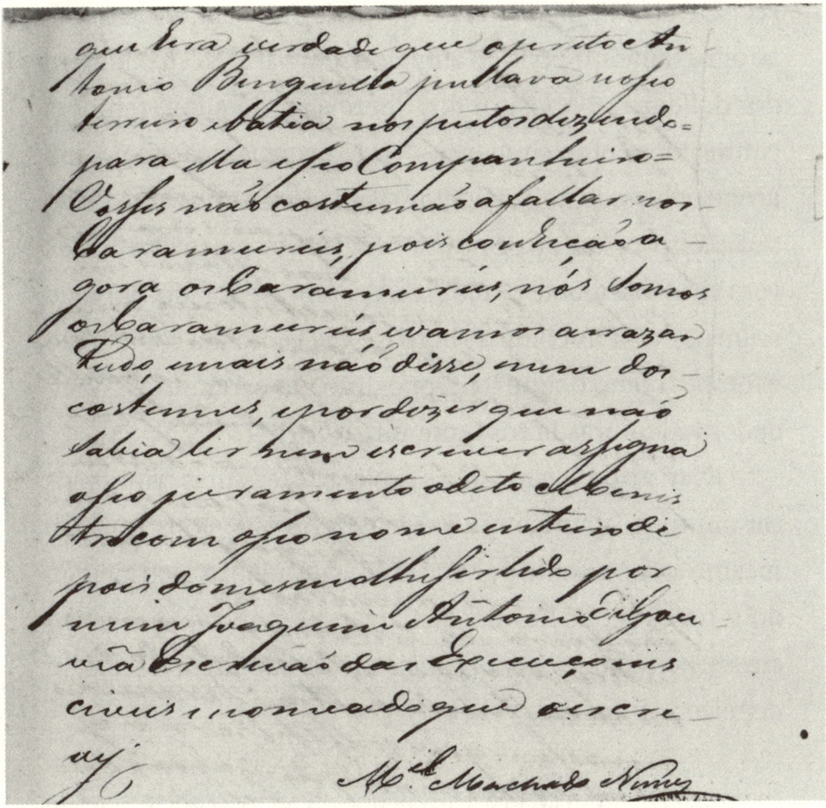
que Era verdade que o preto An-
tonio Benguella pullava no seo
terreiro e batia nos peitos dizendo=
para Ella e seo Companheiro=
Vossês não costumão a fallar nos
Caramurús, pois contração a-
gora os Caramurús, nós somos
os Caramurús e vamos arrazar
tudo, e mais não disse, nem dos
costumes, e por dizer que não
sabia ler nem escrever assigna
o seo juramento o dito [illegible]
[illegible] com o seo nome [illegible] de-
pois do mesmo lhe ser lido por
mim Joaquim Antonio [illegible]
via Escrivão das Execuções
civis nomeado que o escre-
vi
Mel Machado Nunes

Trecho do depoimento da testemunha Maria Joaquina do Espírito Santo, agregada da Fazenda Jardim, em que se lê: “[...] o preto Antônio Benguela pulava no seu terreiro e batia nos peitos dizendo para ela e seu companheiro: vocês não costumam a falar nos caramurus [...] nós somos os caramurus, e vamos arrazar tudo” século XVI, na Bahia. Seria daí que viria a associação do termo ao agrupamento político alinhado, em parte, com o imperador d. Pedro I e opositor dos liberais moderados (também conhecidos como chimangos[43])? É o que parece indicar um artigo publicado no periódico *O Verdadeiro Caramuru*, do Rio de Janeiro, no dia 28 de novembro de 1833, em que se criticavam virulentamente os chimangos, representando-os como "animais de patas como de burros, sem vergonha como o cão, e ferozes como o tigre", em oposição aos caramurus: "denodados índios brasileiros Caramuru e Carijó".[44]

Evaristo da Veiga foi mais explícito e fez duras críticas aos caramurus/restauradores, que, na sua opinião, constituíam o mesmo agrupamento político. Em 24 de julho, pouco mais de dois meses após a Revolta de Carrancas, publicou um artigo em seu periódico, *Aurora Fluminense*, em que discutia a origem do termo *caramuru*:

> O português Diogo Álvares havendo naufragado na Baía de Todos os Santos, pôde escapar à morte, tornando-se útil aos canibais que ali viviam e que tinham devorado seus companheiros de infortúnio. Ganhou o apelido de *Caramuru*, que significa *homem de fogo*, quando diante de um ajuntamento de naturais da terra, fez um tiro a um pássaro, com a espingarda que do naufrágio salvara, e o deitou morto em terra. Aquela gente o seguia depois aos combates, obedecia-lhe, persuadida

de que era algum semideus e Diogo Álvares veio a ser entre essa tribo, um potentado.[45]

No interrogatório dos insurgentes, todos declararam que participaram da insurreição por acreditar na notícia divulgada por Ventura Mina de que os caramurus estavam matando os brancos de Ouro Preto e libertando os escravos. Percebe-se claramente como a expectativa de liberdade foi determinante para mobilizar os escravos a lançarem mão de uma estratégia tão arriscada. Se ser caramuru era ser contra a escravidão e contra os senhores de Carrancas, incluindo os Junqueira, embora historicamente isso não tivesse a menor procedência, para os escravos representou a tentativa desesperada de libertar-se. Essa parece ter sido a leitura política possível feita por Ventura Mina e tantos outros insurgentes que o acompanharam naquele fatídico 13 de maio, e que os levou a se tornarem os caramurus negros.

VENTURA MINA: O LÍDER INCONTESTE DA REVOLTA

A liderança de Ventura Mina foi crucial na articulação do plano insurrecional dos cativos. As conversas com Francisco Silvério Teixeira, de certa maneira, o colocavam a par da conjuntura política conturbada do início da década de 1830. Além disso, na condição de escravo do deputado Gabriel Francisco Junqueira, muito provavelmente tinha ciência do poder e das inimizades angariadas pela família senhorial. Também não é de todo infundado imaginar que Ventura soubesse que seu senhor era um político regional de expressão, pois havia derrotado o candidato do imperador em 1831. E, do ponto de vista estratégico, que soubesse o momento ideal para iniciar o levante — quando o deputado estivesse no Rio de Janeiro e a fazenda, sob a supervisão de seu filho, o "senhor moço". Por fim, a Sedição Militar de 1833 e a cisão entre as elites políticas moderadas e os caramurus criavam uma conjuntura propícia para a insurreição, pois, na percepção de Ventura e dos demais cativos, fundada no boato propagado por Francisco Silvério Teixeira, os caramurus estavam do lado deles.

Quem era Ventura e como sua liderança foi construída? Seria oriunda de sua vivência anterior no continente africano, especialmente na região que abrange a Costa da Mina, se considerarmos que era conhecido como Ventura Mina? Ou teria sido construída na experiência do cativeiro? Infelizmente os poucos registros sobre ele não permitem responder com segurança a essas questões. Contudo, com base nos autos, podemos afirmar que foi personagem essencial no levante e seu principal articulador. Companheiros de cativeiro, testemunhas e autoridades judiciárias foram unânimes em destacar atributos que confirmam a ascendência que ele tinha sobre os cativos e até mesmo sobre pessoas livres. No libelo acusatório, Ventura Mina foi descrito como um escravo que, além de ter "gênio fogoso e ardente era empreendedor, ativo e laborioso, tendo uma grande influência entre os seus e estranhos, de quem era amado, respeitado e obedecido".[46]

Há fortes indícios de que Ventura Mina e outros escravos circulavam entre as fazendas da família Junqueira com frequência e eram conhecidos até de agregados. Esse trânsito poderia fortalecer os laços de solidariedade e ser útil no seu plano da revolta. Há menção nos autos de que, em 12 de maio, ele esteve na Fazenda Bela Cruz e conversou com Joaquim Mina sobre a insurreição. E na noite de 13 de maio, antes de tentarem atacar a sede da Fazenda Jardim, Ventura e seu grupo tomaram as armas da casa de dois agregados da fazenda. Ainda que seja a percepção da agregada Maria Joaquina do Espírito Santo e uma narrativa construída conforme os termos jurídicos da época e no afã de condenar os réus, o depoimento dela traz detalhes muito instigantes sobre os insurgentes e suas ações em um momento tão dramático. Ela não conseguiu identificar todos os escravos, até porque eram muitos, pois, além dos insurretos, mulheres e crianças escravas da Fazenda Bela Cruz faziam parte do grupo liderado por Ventura.[47] Dos escravos que apareceram no seu terreiro, "conheceu Ventura, Domingos, Antônio Benguela, Quintiliano, Davi e Manoel Banguela, e mais nenhum conheceu em razão da noite" — Ventura foi o primeiro a ser citado. Enfatizou que, dentre eles, os que mais falavam eram "Ventura, Antônio Benguela, Domingos e Manoel Banguela", e que Ventura teria dito aos outros escravos: "minha gente, vamos para o Jardim, temos muito ainda que fazer lá, é tombar só, e toca para diante a Campo Belo".[48] Considerando verídica a fala atribuída a Ventura Mina, talvez ele acreditasse que o ataque à Fazenda Jardim teria o mesmo sucesso que o obtido na Bela Cruz. Mal sabiam que João Cândido da Costa havia chegado antes e os esperava, atrás da porteira, com dois cativos armados. Outro detalhe muito importante no depoimento da agregada é que ela cita uma frase que supostamente teria sido dita por Ventura Mina, depois de pegar as duas espingardas. A menção, nos autos, ao fato de que os escravos da Fazenda Jardim tinham conhecimento do plano insurrecional, dados o trânsito e a circulação de Ventura e outros escravos pelas fazendas da região, não é uma hipótese a ser descartada.

O fato de Ventura Mina ter sido um dos cinco escravos mortos na Fazenda Jardim dificulta sobremaneira a obtenção de maiores informações sobre ele. Se tivesse sobrevivido, pelo interrogatório seria possível saber pelo menos sua idade presumida, seu estado civil e sua ocupação. Sabe-se que vivia na Fazenda Campo Alegre, com os demais escravos do deputado. Era uma grande fazenda escravista, e o número de cativos ultrapassava uma centena de pessoas, a maior parte deles nascida

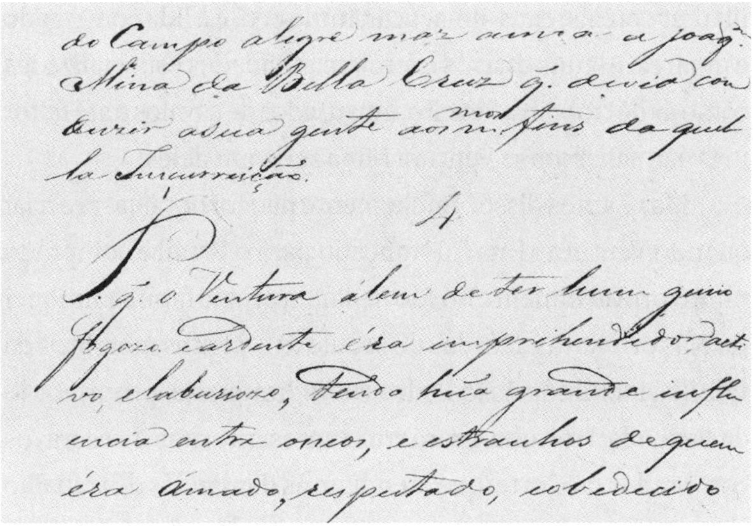

do Campo alegre mas ainda a Joaq.
Mina da Bella Cruz q. devia con
duzir a sua gente nos fins da quel
la Insurreição.

4

P. q. o Ventura álem de ter hum genio
fogozo e ardente éra emprehendedor, acti
vo, e laborioso, tendo hua grande influ
encia entre os seus, e estranhos de quem
éra amado, respeitado, e obedecido

Trecho do libelo acusatório em que o líder Ventura Mina é assim descrito: "[...] Ventura, além de ter um gênio fogoso e ardente era empreendedor, ativo e laborioso, tendo uma grande influência entre os seus e estranhos, de quem era amado, respeitado e obedecido"

no Brasil, com várias famílias escravas e muitas crianças. Junto com a Fazenda Favacho, era a propriedade mais antiga dos Junqueira. Pelos autos, sabemos que Ventura Mina teve um filho, André Crioulo, que também participou da insurreição e foi um dos últimos condenados à pena máxima, tendo sido enforcado no dia 23 de abril de 1834, com mais três companheiros. Podemos imaginar que seu dia a dia de trabalho não diferia muito do de seus companheiros de infortúnio. Muito provavelmente se dedicava a atividades ligadas à terra, como capinar, roçar e plantar cereais, cana-de-açúcar, fumo etc., e à lida com o gado e muares. Alguns cativos exerciam atividades especializadas, como as de tropeiro, ferreiro, amansador de cavalos e até feitor, mas não sabemos se Ventura Mina seria um deles.

Mas e antes disso? Infelizmente não foi possível precisar quando Ventura Mina foi traficado para o Brasil e comprado, muito provavelmente no Rio de Janeiro, pela família Junqueira. Nas primeiras décadas do século XIX, alguns membros da família, incluindo João Pedro Diniz Junqueira, proprietário da Fazenda Traituba, eram traficantes internos de escravos, comprados na Corte, que atendiam às demandas de trabalho em suas fazendas e, muito provavelmente, também eram vendidos para outros proprietários da região.[49]

É difícil precisar as informações sobre Ventura Mina, não só porque ele foi morto em combate, mas porque a designação Mina, com raras exceções, é uma referência genérica a uma vasta região da África Ocidental, de onde vieram muitos homens, mulheres e crianças, na condição de escravos, para várias partes do Brasil, sobretudo ao longo dos séculos XVIII e XIX. Mas temos um indício: a partir de uma análise mais detalhada do inventário da esposa do patriarca da família Junqueira, Helena Maria do Espírito Santo, realizado em 1811, entre os escravos arrolados na Fazenda Campo Alegre aparece um "Ventura Mina, de idade de vinte anos", avaliado na "quantia de cento e oitenta mil réis".[50] Se for o mesmo Ventura Mina, líder da insurreição,

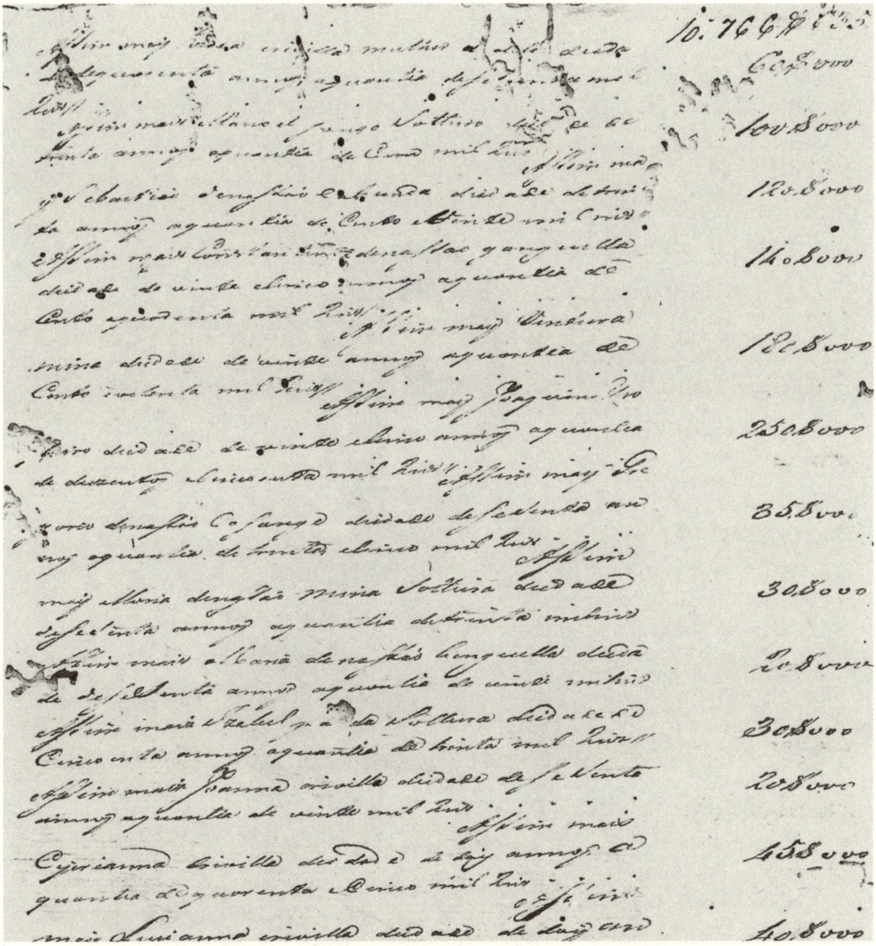

Avalição do escravo Ventura Mina, provavelmente o mesmo que liderou a revolta, em inventário de Helena Maria do Espírito Santo, esposa do patriarca da família Junqueira, João Francisco Junqueira

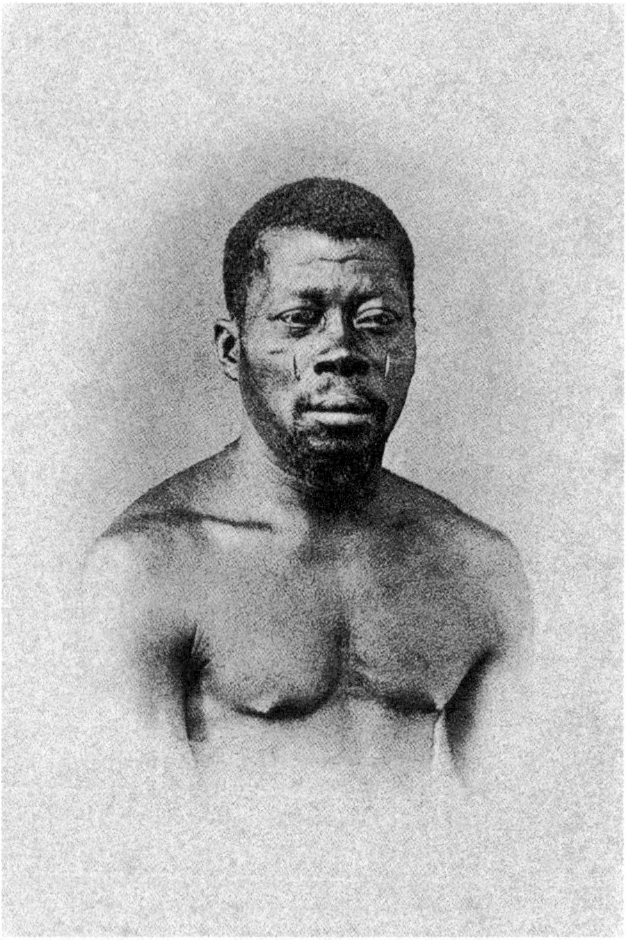

Escravo mina nagô, proveniente da África Ocidental (1864-65)

Escravo cabinda, proveniente da África Centro-Ocidental (1864-65)

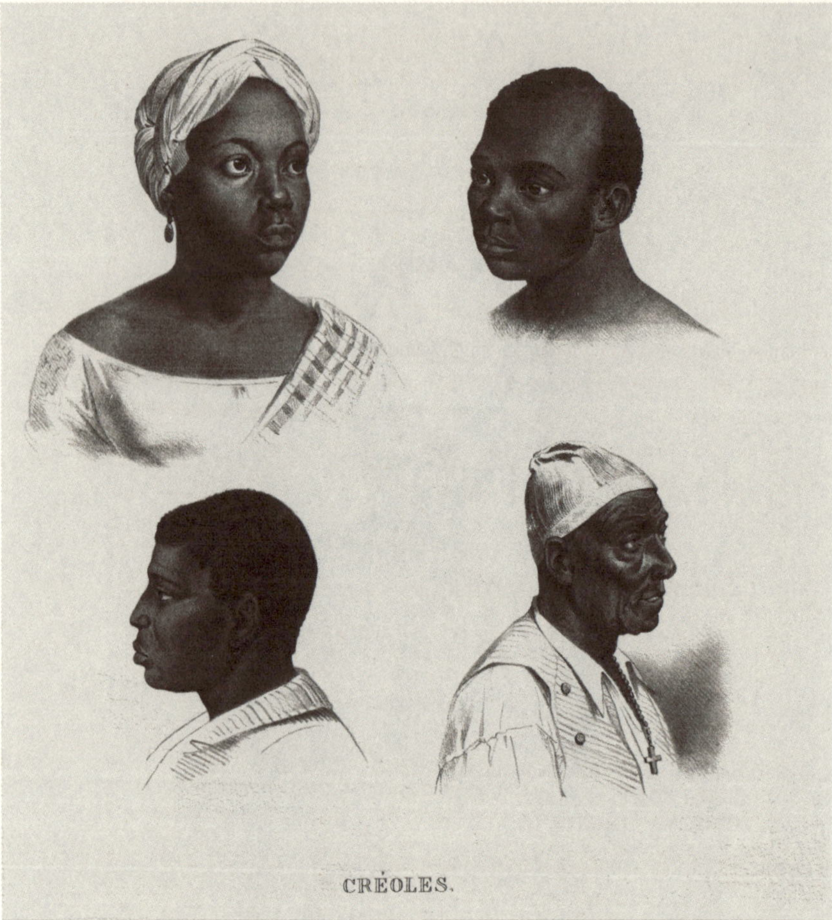

Escrava e escravos crioulos, nascidos no Brasil

ele teria uma idade aproximada de 42 anos em 1833. E teria tido tempo suficiente para construir sua liderança na experiência do cativeiro na Fazenda Campo Alegre e em outras propriedades dos Junqueira. Teria tido também tempo de constituir laços familiares, uma vez que tinha um filho. Trata-se de uma hipótese, mas que não pode ser descartada.

Outro fator a dificultar a pesquisa são as lacunas nos dois recenseamentos da população feitos na província de Minas Gerais antes do primeiro censo nacional do Império, datado de 1872-73. Trata-se das listas nominativas de habitantes, onde aparecem os nomes dos chefes dos fogos (residências), familiares, escravos, forros e agregados, quando havia. Para todos os habitantes havia informações sobre a condição (livre, forro ou escravo), sexo, origem, idade, estado civil e ocupação, dentre outras. Foram produzidas duas listas para a maioria das vilas e distritos de Minas Gerais, datadas de 1831-32 e 1839-40. Embora boa parte esteja preservada e seja de fácil acesso, há lacunas. Por exemplo, não existe a lista nominativa de habitantes do curato de São Tomé das Letras para o ano de 1831-32, apenas para 1839-40, seis anos após o levante. Caso existisse, muito provavelmente teríamos mais informações sobre Ventura Mina, entre elas sua idade, ocupação e estado civil, e sobre o seu filho André.[51]

Com essas limitações, temos apenas um retrato parcial da liderança de Ventura Mina. Ele é aquela personagem que escapa do campo de visão do historiador. Só podemos chegar a ele pelo que foi dito dele. E não foi pouco, pois seu nome é citado a todo momento nos autos, tanto pelos insurretos e pelas testemunhas como pelas autoridades judiciárias e pelas pessoas livres.

Não deixa de ser intrigante que a atuação de Ventura Mina seja tão amplamente mencionada, mesmo que, no caso dos escravos indiciados, essa atribuição de liderança pudesse se constituir em estratégia de defesa — a morte do líder permitiria aos outros eximir-se da culpa e conseguir a redução da pena. Contudo, essa estratégia não funcionou para dezesseis deles, já que não só sua pena não foi reduzida como foram condenados à pena máxima e enforcados.

A REVOLTA DE CARRANCAS E A ORIGEM DA LEI NEFANDA

A condenação dos revoltosos de Carrancas foi exemplar. Os escravos que não tiveram participação nas mortes foram condenados a penas de açoites e prisão por alguns anos ou mesmo absolvidos. As condenações à pena máxima ocorreram em novembro e o enforcamento de doze inssuretos nos dias 4, 5 e 6 de dezembro de 1833, e o de outros quatro em 23 de abril de 1834. Esse intervalo se deu porque Joaquim Mina, João Cabundá, André Crioulo e José Mina puderam peticionar a graça ao imperador, que foi negada pela Regência. Nessa lista estava também o nome de Antônio Rezende, que havia executado a sentença de doze companheiros insurretos em dezembro de 1833, devido a um acordo feito com o juiz municipal e à provável ausência de carrasco na vila de São João del-Rei naquela ocasião. Ele teve a pena comutada para prisão perpétua. Pelo que indicam as fontes, teria continuado a exercer essa função e, por isso, sido estigmatizado pelo resto da vida, tendo ficado conhecido como Antônio Rezende, o Carrasco. No dia 9 de fevereiro de 1835, ele fugiu da cadeia de São João del-Rei e foi assim descrito na documentação: "Antônio Rezende, negro que foi do deputado Gabriel Francisco Junqueira, condenado à pena última, estatura ordinária, cheio de corpo, rosto quase redondo, beiços grossos, ponta de buço, rosto liso, nariz chato e que serviu de carrasco".[52]

Parecia que ali se encerraria mais um capítulo trágico da história da escravidão e que o episódio ficaria restrito à memória da família Junqueira, dos proprietários e dos escravos da freguesia de Carrancas e da comarca do Rio das Mortes. Mas não foi o que ocorreu: o grau de violência com que foram mortos os membros da família senhorial pertencente à elite política e a condenação dos escravos insurretos à forca tiveram tal repercussão no cenário político do Império que deram origem à lei n.º 4, de 10 de junho de 1835. A memória da Revolta de Carrancas relacionada a essa lei atravessou o século XIX e perdurou até o momento em que se discutiu a sua revogação, no final da década de 1880, segundo as memórias do jurista Francisco de Paula Ferreira de Rezende.

No dia 16 de dezembro de 1830, foi promulgado o primeiro Código Criminal brasileiro, em que, na segunda parte, dos crimes públicos, título IV — "Dos crimes contra a segurança interna do Império e pública tranquilidade" —, capítulo IV, e nos artigos 113, 114 e 115, se definia o crime de insurreição — "Julgar-se-á cometido este crime, juntando-se vinte ou mais escravos, para haverem a liberdade por meio da força" — e as penalidades. A pena de morte por enforcamento, definida nos artigos 113 e 114, respectivamente, deveria ser aplicada aos envolvidos, no grau máximo, a escravos e livres condenados como "cabeças".[53] Já na terceira parte, dos crimes particulares, título II — "Dos crimes contra a segurança individual", capítulo I, definia-se o crime de homicídio: "Matar alguém com qualquer das circunstâncias agravantes mencionadas no artigo 16, n.ºs 2, 7, 10, 11, 12, 13, 14 e 17". Se o réu fosse condenado com um dos agravantes acima, a pena máxima seria a morte por enforcamento. Portanto, os escravos insurretos e/ou homicidas poderiam ser condenados à forca, como ocorreu em Carrancas.

A intensificação do tráfico e a ampliação da escravidão no Brasil, associadas às manifestações de rebeldia escrava, certamente contribuíram para a manutenção da pena de morte no primeiro código penal brasileiro e na tipificação do crime de insurreição. Como se não bastasse, foi ainda preciso criar, cinco anos depois, uma lei específica que punisse com mais celeridade e exemplaridade a criminalidade escrava. Mas a história da lei n.º 4, de 10 de junho de 1835, começou dois anos antes.

Em 10 de junho de 1833, exatamente 28 dias depois da Revolta de Carrancas, o ministro interino da Justiça Aureliano de Souza e Oliveira Coutinho apresentou quatro propostas do Poder Executivo para discussão na Assembleia Legislativa Geral. As três primeiras tratavam da organização da Guarda Nacional, do corpo de permanentes e dos meios de reprimir os abusos da liberdade de imprensa. A quarta versava especificamente sobre o julgamento de crimes praticados por escravos.

Para os argumentos que se pretende enfatizar, vejamos o preâmbulo do projeto de lei n.º 4, de 10 de junho de 1833, que foi divulgada no *Correio Mercantil*,[54] periódico da cidade do Rio de Janeiro, e consta dos *Anais do Parlamento Brasileiro*:

> As circunstâncias do Império do Brasil, em relação aos escravos africanos, merecem do Corpo Legislativo a mais séria atenção. *Alguns atentados recentemente cometidos, e de que o Governo vos dará informação, convencem desta verdade. Se a legislação até*

agora existente era fraca, e ineficaz para coibir tão grande mal [...] *e menos garantidora da vida de tantos proprietários fazendeiros que vivendo mui distantes uns dos outros, não poderão contar com a existência, se a punição de tais atentados não for rápida, e exemplar, nos mesmos lugares em que eles tiverem sido cometidos.* [grifo meu][55]

O que primeiramente chama a atenção é a frase inicial do preâmbulo. Por que os escravos africanos mereceriam do "Corpo Legislativo a mais séria atenção"? E quais seriam os "atentados recentemente cometidos" que o ministro da Justiça e a Regência informariam ao Legislativo? A proximidade das datas, ou seja, menos de um mês após a Revolta de Carrancas, e a urgência da apresentação do projeto são indícios claros do impacto da insurreição dos escravos na elite senhorial de Minas Gerais e do Sudeste escravista, sobretudo das províncias de São Paulo e Rio de Janeiro, e no Governo da Regência. Algumas câmaras de vilas do Vale do Paraíba paulista e fluminense (Areias, Bananal e Resende) foram imediatamente informadas da grande insurreição de escravos de Minas Gerais e adotaram medidas de vigilância contra os escravos, com receio de que as notícias ali se espalhassem e desencadeassem novos levantes. A situação exigia pouco alarde e publicidade, mas controle rígido da população escrava, sobretudo das senzalas nas áreas cafeeiras em expansão.

Os "atentados recentemente cometidos" e não publicizados pelo referido ministro eram, de fato, aqueles perpetrados por escravos e que resultaram na morte do filho, do irmão, de sobrinhos e demais parentes do deputado Gabriel Junqueira, no curato de São Tomé das Letras, na freguesia de Carrancas.

O que está contido nas entrelinhas do preâmbulo do projeto de lei n.º 4 deve ser analisado com mais acuidade. O texto destaca também o fato de que muitos fazendeiros viviam "distantes uns dos outros", uma realidade de muitas províncias do Império. Nas primeiras décadas do século XIX houve uma expansão significativa da escravidão no Brasil, principalmente nas províncias de Minas Gerais, Rio de Janeiro e São Paulo, e grande parte da escravaria estava alocada em unidades escravistas do meio rural. Áreas ligadas ao abastecimento interno e cafeeiras em início de expansão tornaram-se cada vez mais dependentes do trabalho de escravos africanos e crioulos. Não parece ter sido por acaso que a distância entre as propriedades escravistas rurais mereceu menção na introdução do projeto. A Revolta de Carrancas ocorreu em uma área rural, em fazendas da família Junqueira distantes, em média, 7,5 quilômetros umas das outras, todas com grande escravaria. São todos indícios que apontam que o projeto de lei n.º 4 se referia claramente a essa revolta.

Em relação aos artigos da proposta, apesar de o ministro da Justiça afirmar que a legislação até então existente "era fraca", a pena de morte já era prevista no Código Criminal de 1830, na tipificação tanto do crime de insurreição como do crime de homicídio cometidos por escravos. É possível que a lei de exceção se justificasse em função de um julgamento mais célere dos escravos envolvidos na morte de seus senhores, familiares e administradores. E, considerando esse aspecto, o artigo 1.º do projeto parece se reportar explicitamente à memória então recente da Revolta de Carrancas: "Serão punidos com a pena de morte os escravos, ou escravas, que matarem, por qualquer maneira que seja, ferirem ou fizerem outra grave ofensa física a senhor, administrador, feitor ou a suas mulheres e filhos".[56] Os criminosos, ou insurretos, seriam julgados por uma junta de seis juízes de paz, no município onde ocorreram os delitos, presidida pelo juiz de direito, que conduziria todo o processo até sua conclusão, sempre participando as decisões "ao Governo, na província do Rio de Janeiro, e aos presidentes nas demais províncias". O rigor da lei e seu aspecto modelar foram mais uma vez reforçados no artigo 7.º, que propunha, em caso de sentença condenatória, que a execução dos réus deveria ser realizada "no mesmo lugar do delito, sem recurso algum", com base no artigo 38 do Código Criminal, com assistência de força da Guarda Nacional e presença de escravos da vizinhança.[57]

Pode-se imaginar o clima de consternação que deve ter pairado entre os deputados-gerais ao saberem da tragédia que se abatera sobre os familiares do colega deputado Gabriel Francisco Junqueira, embora a revolta não seja mencionada explicitamente nos anais da Assembleia-Geral nem nos discursos dos parlamentares. A única exceção parece ter sido o discurso proferido no Parlamento pelo deputado Bernardo Pereira de Vasconcelos, em 4 de julho de 1833, em resposta à acusação do deputado baiano Francisco Jê Acaiaba de Montezuma de que os proprietários de Minas Gerais vinham sendo perseguidos no contexto da Sedição de 1833 e estavam "assustados". Bernardo Vasconcelos fez referência às mortes de "um velho pai de família", de sua mulher, filhos e filhas, além de uma "criança de peito",[58] mas desqualificou a sedição e a Revolta de Carrancas, sem mencionar que se tratava de um levante de escravos e muito menos que as pessoas mortas pertenciam à família de Gabriel Junqueira, colega de Parlamento e aliado político.

Dos sete artigos da proposta original restaram cinco, e não havia mais menção à forma exemplar com que deveriam ser feitas as execuções. Outro aspecto interessante é que o artigo 1.º ganhou uma redação mais detalhada já na tramitação na Assembleia, no ano de 1833, mantida na lei de 10 de junho de 1835. Seriam punidos com a pena capital "os escravos, ou escravas, que matarem por qualquer maneira que seja, propinarem veneno, ferirem gravemente, ou fizerem qualquer outra grave ofensa a seu senhor, sua mulher, a descendentes ou ascendentes, que em sua companhia morarem, ao administrador, feitor e às mulheres que com eles viverem".[59] Conforme dito anteriormente, pode-se supor que a maioria dos deputados e senadores tinha conhecimento da tragédia que se abateu sobre os familiares do deputado Gabriel Francisco Junqueira. Mesmo com as pequenas alterações no projeto de 1833, a redação final do artigo 1.º da lei de 1835 reacendia a memória da Revolta de Carrancas, quando os escravos mataram seus senhores, suas mulheres, descendentes e todos os que em sua companhia viviam.

Outra evidência da repercussão da Revolta de Carrancas na macropolítica imperial foi a discussão desencadeada no Senado. Segundo informações do representante dos Estados Unidos na Corte, Ethan Brown, registrada em uma correspondência datada de 7 de junho de 1833, o Senado se reuniu em sessão secreta por dois dias, por temer "que os escravos estavam prestes a se revoltar na província de Minas Gerais instigados por alguns dos implicados em Ouro Preto".[60] Além do contexto de dissensão política que a província de Minas Gerais atravessava, é preciso atentar para o fato de que as preocupações do Senado, externadas nas palavras de Brown, faziam todo sentido e atestavam o temor instaurado pela Revolta de Carrancas nas instâncias políticas do Império do Brasil.

De modo algum pode-se desconsiderar o impacto na aprovação da referida lei de outras tentativas insurrecionais de escravos em outras províncias e aquelas efetivamente levadas a cabo, particularmente a Revolta dos Malês. Mas é importante destacar que a Revolta de Carrancas e a correlação com a origem da lei de 10 de junho de 1835 foram pautadas explicitamente em, pelo menos, dois registros no século XIX: um foi proferido em discurso pelo senador Joaquim Delfino Ribeiro da Luz, em 8 de março de 1879, e outro mencionado nas memórias do juiz Francisco de Paula Ferreira de Rezende, do Supremo Tribunal Federal, escritas em 1887.

Joaquim Delfino Ribeiro da Luz, natural da cidade de Cristina, sul de Minas Gerais, era magistrado e exerceu vários cargos públicos. Foi senador do Império pela província de Minas Gerais durante o período de 1870 a 1889. Anteriormente havia sido deputado-geral por três legislaturas e duas vezes presidente, nos anos de 1857 e 1860, ambas pela mesma província. Em 1879, proferiu um discurso no Senado sobre os "últimos acontecimentos de Itu". Em fevereiro daquele ano, na referida vila, o escravo Nazário matou o médico João Dias Ferraz da Luz, duas filhas, uma mulher idosa e uma escrava, na residência do médico, no centro da vila, provocando uma grande comoção popular. Em uma segunda tentativa, os populares retiraram o escravo Nazário da cadeia e o mataram a "pedrada, arrastando o cadáver pelas ruas, levando-o depois à porta da mesma cadeia". Depois de relatar o trágico acontecimento com seus parentes, o senador fez um breve retrospecto histórico da lei de 10 de junho de 1835. Destacou que tinha o objetivo claro de demonstrar que a "insubordinação da escravatura" ainda continuava a "contristar e afligir" e os "últimos acontecimentos de Itu" eram a prova cabal do que vinha ocorrendo no Império, na perspectiva do senador, evidentemente. Considerava que a insubordinação escrava era consequência "das comutações da pena capital" e que o linchamento do escravo Nazário representava "a falta de confiança na Justiça pública".[61]

O senador citou, como exemplos para essa medida extraordinária, as revoltas da Bahia e deu um destaque claro para a ocorrida em São Tomé das Letras, nas propriedades da família do barão de Alfenas, o ex-deputado Junqueira, seu parente.

> Na Bahia houve assassinatos e mesmo tentativas de insurreição. *Na província de Minas Gerais houve a grande insurreição de São Tomé das Letras, onde foram vítimas duas famílias aparentadas com o ilustre barão de Alfenas, hoje falecido*. Entenderam os poderes do Estado que era preciso uma medida extraordinária para conter o espírito de insubordinação que lavrava pela escravatura e, pois, publicou-se a lei de 10 de junho de 1835. *Foi essa lei que, como bem se vê de suas disposições muito excepcionais, teve por fim remediar o mal, que então se manifestava com caráter assustador*. [grifos meus][62]

O segundo registro foi feito pelo memorialista Francisco de Paula Ferreira de Rezende, em 1887, quando redigiu as suas "recordações", publicadas um século mais tarde. Natural de Campanha, sul de Minas Gerais, formou-se na Faculdade de Direito de São Paulo, seguiu carreira política e judiciária durante o Império e tornou-se ministro do Supremo Tribunal Federal em 1892, um ano antes de vir a falecer. Como pertencia a uma família da elite, ainda muito jovem pôde presenciar vários eventos marcantes da história política das regências, na vila de Campanha da Princesa, onde residia. Ao reportar-se à Sedição Militar de 1833 e à participação dos guardas nacionais do sul de Minas Gerais, acabou fazendo referência direta à Revolta de Carrancas, ao discorrer sobre a "insurreição de escravos que se deu na fazenda de um dos [seus] parentes Junqueira" e aos serviços prestados por seu avô, como comandante superior da Guarda Nacional, para combater os insurgentes e restabelecer a ordem na região. "Os escravos cometeram contra a família do senhor as maiores atrocidades; a insurreição se estendia; e as circunstâncias se tornavam extremamente graves."[63] Sem conseguir precisar bem a data dos acontecimentos de Carrancas, o memorialista campanhense também presumiu que a lei de 10 de junho de 1835 poderia ter sido consequência da Revolta de Carrancas:

> É, pois de supor que fosse antes de 1836 e se foi, como suponho, em 1834 ou no princípio talvez de 1835, é muito provável, que essa insurreição fosse a causa ocasional dessa tão célebre lei de 10 de junho, de cuja revogação se trata agora.[64]

A Revolta dos Malês colocou o Império novamente em estado de alerta e também foi importante para que o projeto de lei n.º 4, de 10 de junho de 1833, se transformasse em lei, com algumas modificações substantivas, mas preservando seu conteúdo na essência. Ainda assim, foram necessários mais alguns meses para que o projeto se transformasse em lei, já que a Revolta dos Malês ocorreu em 25 de janeiro de 1835. E não deixa de ser curioso o fato de que a lei tenha continuado a ter o mesmo número do projeto, e também que tenha sido aprovada no dia 10 de junho. Intencionalmente ou não, o Parlamento deixou cravada na história a origem da lei: a revolta dos escravos de Carrancas.

·

O SILÊNCIO NA IMPRENSA

Em relação ao tratamento dado pela imprensa à revolta, há apenas referências esparsas. As poucas matérias veiculadas saíram em periódicos ligados aos moderados mineiros, como *O Astro de Minas* e *O Universal*, sempre com o fim de dissociar esse grupo político do levante e acusar o envolvimento dos caramurus. Tratava-se de uma imprensa importante, localizada no epicentro dos conflitos (a sedição e a revolta), e, por isso mesmo, atribuiu aos caramurus o patrocínio da insurreição. Como já analisado, os liberais moderados, apesar de heterogêneos, faziam parte do grupo político hegemônico nos primeiros cinco anos da Regência, o que contribuiu para a preservação de alguns dos seus principais periódicos. Na província do Rio de Janeiro, somente dois periódicos trouxeram algumas referências à revolta. *A Verdade*, folha de tendência moderada, reproduziu alguns extratos de um interrogatório de escravos em que estes incriminavam os caramurus, mas sem nenhum comentário adicional.[65] A matéria havia sido publicada anteriormente em *O Astro de Minas*. Já no periódico *O Verdadeiro Caramuru*, de tendência restauradora, fez-se uma referência indireta e geral à insurreição ao afirmar que "o nosso coração se parte de dor, quando ouvimos semelhante notícia, quando sabemos que os escravos em Minas começam a sublevar-se e a fazer massacres horríveis". Não há menção às matérias divulgadas nos periódicos mineiros, mas o redator aproveitou a ocasião para alfinetar o Governo da Regência "em suas pertinazes medidas de violência, sendo as conciliatórias as únicas que nos podem ainda salvar".[66]

Como explicar tal silenciamento? Ao que tudo indica, os principais agrupamentos políticos (moderados e caramurus) não queriam politizar e divulgar demais a questão e teriam prejuízos não só com a disputa pela hegemonia política, como também com a possibilidade de surgirem levantes semelhantes em outras áreas escravistas do Império.

A memória da insurreição de Carrancas, entretanto, não ficou restrita aos políticos e memorialistas do século XIX. Também está presente na literatura, entre descendentes da família Junqueira e de alguns moradores dos municípios que pertenciam à antiga região de Carrancas. É o que será analisado brevemente a seguir.

MEMÓRIA E ESQUECIMENTO: 192 ANOS DEPOIS

Na Semana Santa de 1924, Oswald de Andrade (1890-1954), acompanhado do poeta franco-suíço Blaise Cendrars (1887-1961) e de vários modernistas paulistas, desembarcou em Minas Gerais e, junto com os modernistas mineiros, percorreu várias cidades e regiões do estado. Em São João del-Rei, o grupo passou por algumas fazendas da família Junqueira no sul de Minas. No ano seguinte, Oswald publicou o livro de poemas *Pau Brasil*, impresso em Paris. Dividido em partes, o livro retrata aspectos da história do Brasil, e, dos quinze poemas que compõem a parte "Poemas da colonização", oito se referem ao passado escravista e ressaltam tanto a violência do sistema como a resistência e a rebeldia escrava. Merece destaque o poema "Levante". Não vamos analisar aqui o poema do ponto de vista literário, mas observar que o modernista registrou aspectos que remetem à Revolta de Carrancas ao fazer referência à memória oral e à exposição pública das cabeças dos escravos insurgentes.

LEVANTE

Contam que houve uma porção de enforcados
E as caveiras espetadas nos postes
Da fazenda desabitada
Uivam de noite[67]
No vento do mato[68]

Se uma obra não pode ser reduzida à história familiar de seu criador, tampouco se pode desvinculá-la dessa história. Nesse sentido, o poema em questão ganha densidade analítica se considerarmos as ligações estreitas dos antepassados paternos de Oswald de Andrade, os Nogueira de Andrade, naturais de Baependi (MG), com a família Junqueira, em especial, com a história da Revolta de Carrancas. São fortes os indícios de que o escritor trouxe para o mundo da arte parte da tragédia que marcou profundamente a memória coletiva da região, especialmente da família senhorial e de seus descendentes. Os fragmentos dessa memória compartilhada circularam

Medo da Senhora

A escrava pegou a filhinha nascida
Nas costas
E se atirou no Parahyba
Para que a creança não fosse judiada

Levante

Contam que houve uma porção de enforcados
E as caveiras espetadas nos postes
Da fazenda deshabitada
Mivam de noite
No vento do matto

A roça

Os cem negros da fazenda
Comiam feijão e angú
Abobora chicorea e cambuquira
Pegavam uma roda de carro
Nos braços

Azorrague

— Chega! Peredôa!
Amarrados na escada

— 40 —

Poema "Levante", de Oswald de Andrade, que tematiza a memória da Revolta de Carrancas. Note-se a correção feita de próprio punho pelo autor ("Uivam" no lugar de "Mivam") e atravessaram o século XIX. Foram parar na literatura modernista de meados da década de 1920, atravessaram todo o século XX e continuam presentes no século XXI, na memória coletiva tanto dos descendentes da família Junqueira como na de alguns moradores da antiga região de Carrancas, que compreende também os atuais municípios de Cruzília, São Tomé das Letras e Luminárias, como será demonstrado a seguir.

Na infância, Oswald de Andrade costumava passar as férias na residência de seus avós paternos, localizada na cidade de Caxambu. No seu único livro de memórias, destacou que a família de ascendência paterna "prosperou com grande escravaria negra, sendo que [seu] avô veio [...] a se arruinar e deixar o latifúndio",[69] provavelmente antes da Abolição. Como se trata de um livro de memórias e confissões, o modernista não se atém muito às datas. Mas em outra passagem, ao fazer referência ao irmão mais novo, que fora enterrado junto com os avós paternos no jazigo da família em Caxambu, registrou que as "tias trouxeram a escravaria que restava. E foi do aluguel de escravos que a família se alimentou e manteve por algum tempo".[70] Muito provavelmente o escritor se referia à memória familiar, ao que deve ter ouvido do pai e das próprias tias, que foram morar em São Paulo, pois o modernista havia nascido dois anos após a Abolição. Em outra passagem menciona as "entrecortadas viagens a Minas", depois que foi matriculado no Colégio São Bento: "Íamos a Lambari para o Grande Hotel Melo e a Caxambu, onde morava meu avô paterno ainda vivo e uma penca de tias idosas e solteiras".[71] Portanto, quando criança Oswald de Andrade ainda teve oportunidade de conviver com o avô paterno e a extensa parentela.

Pesquisas das listas nominativas de habitantes da década de 1830 mostram que seus ascendentes faziam parte da elite escravista sul-mineira e eram parentes muito próximos da família Junqueira. Seu avô paterno, Hipólito José de Andrade, era filho de Maria Rita de Andrade e José Gonçalves Penha.[72] Por sua vez, sua bisavó paterna era irmã de Inácia Constança de Andrade, que foi casada com Gabriel Francisco Junqueira, o deputado, futuro barão de Alfenas e proprietário da Fazenda Campo Alegre. Ela teve ainda outro irmão que se casou na família Junqueira. Tomás José de Andrade desposou duas filhas de José Francisco Junqueira: em 1824, casou-se com Antônia Francisca, que morreu jovem devido a complicações durante o parto; em 1825, com Francisca. Tomás e Francisca estão entre as primeiras famílias que ocuparam a região de Poços de Caldas, no sul de Minas.

Na primeira metade do século XIX, tanto os Junqueira como os Andrade possuíam vastas propriedades e escravarias no sul de Minas. A Fazenda Bela Cruz, no ano de 1833, possuía mais de cinquenta cativos. Nas listas nominativas de 1839, a Fazenda Campo Alegre contava com mais de cem escravos.[73]

ENLACES MATRIMONIAIS DAS FAMÍLIAS JUNQUEIRA E ANDRADE*

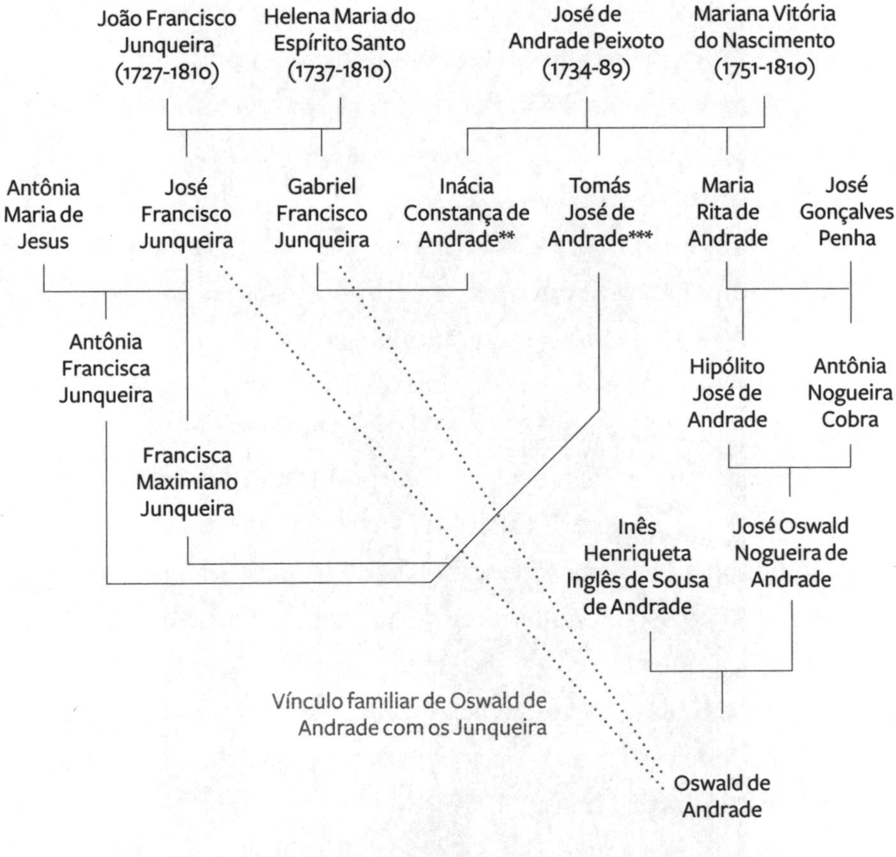

* Este diagrama, mais simples, tem por objetivo indicar os entrelaçamentos matrimoniais entre os Junqueira e os Andrade, especialmente aqueles relacionados aos tios-bisavós paternos de Oswald de Andrade e com relação direta com as fazendas Campo Alegre e Bela Cruz, alvo dos escravos no levante de 1833.

** Tia-bisavó de Oswald de Andrade.

*** Tio-bisavô de Oswald de Andrade.

Foto do deputado Gabriel Francisco Junqueira, futuro barão de Alfenas, com seu filho Tiburcinho (sem data)

Gabriel Francisco Junqueira, barão de Alfenas, em tela de Nicolau Antônio Facchinetti (1876)

Foto da sede da Fazenda Favacho (2003)

Foto da sede da Fazenda Traituba (2003)

O bisavô paterno de Oswald, José Gonçalves Penha, morava próximo da família Junqueira e de duas fazendas importantes da família, a Favacho e a Traituba. Em 1840, contava com 56 anos de idade, era viúvo e residia com alguns filhos, incluindo o avô do escritor, no distrito de São José do Favacho, Baependi, com 47 escravos.[74]

Muito provavelmente, a memória da Revolta de Carrancas permaneceu e circulou na família de Hipólito José de Andrade e foi assim que o seu neto, Oswald, dela tomou conhecimento. Também é preciso destacar que uma das fazendas de seus aparentados Junqueira mereceu dele um registro poético bucólico, o poema "Traituba", terceiro da parte "Roteiro das Minas", da obra *Pau Brasil*.[75]

E como podemos relacionar o referido poema com a memória oral? Há alguns anos, venho desenvolvendo uma investigação acerca da memória do cativeiro nas regiões de Carrancas, Cruzília e São Tomé das Letras que já resultou em mais de duas dezenas de entrevistas, que farão parte do acervo do Laboratório de Imagem e Som, da Universidade Federal de São João del-Rei.[76] Desse conjunto de entrevistas escolhi alguns excertos para o presente texto. É intrigante como alguns guardam semelhanças com o poema "Levante", de Oswald de Andrade.

O sr. Pedro Gonçalves da Rocha é um sitiante natural de Cruzília e morador na zona rural do município. Tem ascendência italiana paterna, pois o bisavô era italiano e o avô veio pequeno para o Brasil. Assim como seus pais, trabalhou como empregado em várias propriedades da região. Nas recordações de sua juventude destacou o trabalho árduo em várias fazendas, a convivência com os negros e a lida com as atividades da roça, a produção de fubá e polvilho, a condução de gado e carro de boi etc.

Ao ser entrevistado, fez referência a um lugar chamado Cabeça Branca, nome cuja origem estaria associada ao destino dado às cabeças dos escravos que haviam participado de uma revolta. Segundo ele, esse nome foi dado "por causa de que ficou tudo branquinho a cabeça dos negros. [...] E diz que ficaram assim e aquilo secou, né? E aí depois que o pessoal pôs o nome de Cabeça Branca. E porque ninguém mexia naquilo e tinha preconceito de mexer. [...] Naquele tempo todo mundo tinha um medo".[77]

Em Sobradinho, um distrito de São Tomé das Letras, bastante próximo da Fazenda Bela Cruz, foram realizadas duas entrevistas em que também se faz referência ao destino dado às cabeças dos escravos mortos envolvidos na insurreição. A primeira foi realizada com o sr. José Maria de Rezende, morador e proprietário da Fazenda Sobradinho, vizinha à Bela Cruz. Segundo seu depoimento, teria ouvido as histórias relativas à revolta quando criança. "Lá no tempo da escravidão mais antigo deu uma rebelião dos escravos da Bela Cruz contra a outra Fazenda do Jardim. Saiu daqui e foi parar lá onde teve o combate deles." Por morar bem próximo à Bela Cruz, seu relato provavelmente remete às duas últimas fazendas atacadas pelos cativos e ao combate na Jardim. E sobre essa fazenda, relatou que "lá morreram bem escravos, mataram tudo, puseram a cabeça na cerca de arame, nos mourões". Segundo ele, teria ouvido a história dos "moradores mais antigos [...] de Sobradinho. O [seu] pai também contava".[78]

A segunda entrevista foi realizada com o sr. José Nélio Teodoro, que descende da população afrodescendente da região e fez algumas menções ao tempo do cativeiro. Segundo José Nélio, sua família é "dos Teodoros aqui da fazenda dos Junqueiras, da Fazenda Floresta". Seu pai "foi nascido e criado ali, trabalhou até aposentar".

Ao ser perguntado se os antepassados mais velhos dele faziam alguma referência ao tempo do cativeiro, fez menção a lugares assombrados: "Porque quando um escravo fazia alguma coisa de errado, aí eles cortavam a cabeça por exemplo e colocava no mourão da cerca para servir de exemplo para os outros. Por isso aquele lugar ficou assombrado". Ele ainda destacou que várias pessoas comentavam essa história. "Ah, é a cava lá da fazenda tal é assombrada mesmo por causa disso. Então você vê que algo que era contado pela família negra, tem muitos brancos da região que conhecem a mesma história da mesma forma." É importante destacar no relato de José Nélio que a memória da degola dos escravos fazia parte da memória coletiva das famílias negras e dos brancos da região. E quando lhe perguntei sobre o nome da fazenda, dessa cava que era considerada o lugar assombrado e sobre a memória das cabeças degoladas e fincadas em mourão, ele afirmou que "a fazenda mais comentada é a Fazenda Bela Cruz e Favacho".[79]

É importante situar aqui que as narrativas do sr. José Nélio e do sr. Pedro diferem e ao mesmo tempo se complementam. Como José Nélio e sua família sempre moraram próximos da Fazenda Bela Cruz, a memória das cabeças dos escravos fincadas em mourões está associada justamente a essa fazenda, possivelmente porque ali foi o momento mais dramático da revolta, que marcou profundamente não só a memória senhorial, como também a memória coletiva das famílias afrodescendentes da região. No entanto, ele não deixa de mencionar a Fazenda Favacho, talvez por ser uma das mais antigas da família Junqueira, que ainda se encontra edificada e bastante preservada. Já a narrativa do sr. Pedro fala de um local chamado Cabeça Branca, mais próximo da Fazenda Favacho e da Fazenda Traituba, bem distante da Bela Cruz. Sobre o destino dado às cabeças dos insurgentes mortos ou de escravos que fizessem "alguma coisa de errado", as narrativas do sr. Pedro, do sr. José Nélio e do sr. José Maria coincidem.

Outra narrativa bastante impressionante é a transcrita em cartas da genealogista Mariana de Andrade Bueno, já falecida, trineta de José Francisco Junqueira, sobre o destino dado às cabeças dos escravos mortos depois do confronto que se deu na Fazenda Jardim, quando a insurreição foi debelada. Segundo ela, nas anotações copiadas do manuscrito do seu tio-avô, Álvaro Ferreira da Costa, "José Francisco Junqueira e sua esposa Antônia Maria de Jesus foram assassinados por seus cinco escravos, motivo por que também foram mortos pelos herdeiros, que ficaram cada um com uma cabeça, onde no Chapadão existia uma cabeça no mourão da porteira da entrada do curral da fazenda".[80] Ainda segundo outro relato da genealogista, "os Junqueiras mataram os assassinos [...] cortaram suas cabeças e mandaram uma cabeça de lembrança para ser espetada no alto de um pau para que os demais escravos nunca mais se atrevessem a cometer tão nefando crime. Obs. Nossa ancestral, Ana Francisca Junqueira, trouxe uma cabeça dessas, que ficou espetada bem em frente à Fazenda do Chapadão".[81]

Ana Francisca ficou conhecida na memória familiar como a "Ana do Chapadão". Era filha de José Francisco Junqueira, morto pelos escravos na Fazenda Bela Cruz, e bisavó da genealogista.[82] A Fazenda do Chapadão, atualmente em ruínas, está localizada na região de Poços de Caldas, extremo sul de Minas, quase na divisa com o estado de São Paulo.

Outra narrativa recorrente na memória dos descendentes da família Junqueira e entre os moradores das localidades de Carrancas e Cruzília é a de uma criança que teria sobrevivido ao levante/massacre da Bela Cruz, como ficou conhecida a Revolta de Carrancas na memória familiar. Teria sido salva por uma escrava de confiança, depois que esta a escondeu dos insurgentes. Nos autos não há menção alguma a respeito. Todos os membros da família senhorial daquela propriedade foram mortos por alguns dos escravos que participaram da revolta.

Não deixa de ser surpreendente a proximidade entre a memória histórica e a memória registrada nas cartas de Mariana Bueno, pelo menos com relação ao número de escravos mortos. Não sei precisar se ela teve acesso aos autos. Isso talvez se explique porque a genealogista possuía uma cópia de correspondência redigida por um juiz de paz da época que fazia referência à revolta.[83]

Nas pesquisas realizadas a partir dos autos, cinco cativos foram mortos depois do único confronto, ocorrido na Fazenda Jardim, quando Ventura Mina e seu grupo tentaram atacá-la. Ali foram mortos o líder Ventura Mina, João Inácio, Firmino, Matias e Antônio Cigano. Mas não há nenhum registro do sepultamento deles, nem indício de que tivessem tido a cabeça decepada, nem de que as cabeças tenham sido fincadas em estacas, postes ou mourões. Só há menção ao caso de um escravo, mas sem indicação do nome, que, "por julgar-se morto", foi "atirado por um pedestre ou guarda, lançou-se ao rio".[84]

Como mencionado, a liderança de Ventura Mina foi bastante destacada, tanto pelos companheiros de cativeiro, como por livres. Alguns cativos da Campo Alegre e da Bela Cruz alegaram em sua defesa que participaram do levante "por medo", depois de terem sido ameaçados de serem degolados por outros escravos armados de foice e pelo líder Ventura Mina.[85] Nos autos, há pelo menos um registro de decapitação. Segundo o corpo de delito, Ana Cândida da Costa, viúva de Francisco José Junqueira, foi morta a golpes de foice e cacetadas, e a cabeça não se achava "unida ao corpo".[86]

Mas, se tomarmos por base a literatura e a memória oral senhorial e coletiva, Ventura Mina, João Inácio, Firmino, Matias e Antônio Cigano teriam tido a cabeça decepada e colocada em estacas para servir de exemplo aos outros escravos da região? "E as caveiras [ficaram] espetadas nos postes" e "uiva[va]m de noite na fazenda desabitada", como na descrição do poema de Oswald de Andrade? E o local denominado Cabeça Branca seria mesmo uma referência às cabeças que ficaram expostas até se decomporem e restarem somente os crânios esbranquiçados? Os Junqueira teriam feito um justiçamento à revelia da lei e do Código Criminal da época e exposto as cabeças decepadas "para que os demais [...]

nunca mais se atrevessem a cometer tão nefando crime"? Não podemos descartar essa hipótese, se considerarmos o terror causado pela ação dos cativos e pela forma violenta como foram mortos vários membros da família senhorial. Em relação aos membros mortos da família Junqueira, houve o registro de seus sepultamentos na matriz de São Tomé das Letras, nas fontes paroquiais, três dias após a revolta.[87] Nos autos também foram registradas as execuções das sentenças de enforcamento dos dezesseis escravos condenados à pena máxima, mas não há nenhuma menção ao destino dos corpos de Ventura Mina, João Inácio, Firmino, Matias e Antônio Cigano.

É preciso assinalar que a memória coletiva que permanece é a de um possível justiçamento realizado por parte da família Junqueira, da expiação pública das cabeças dos escravos mortos no confronto e a de uma sobrevivente, membro da família senhorial. Mas não há menção aos nomes dos cativos que foram mortos. Também não há alusão aos enforcamentos dos escravos realizados na vila de São João del-Rei e tampouco aos nomes dos membros da família Junqueira mortos nas fazendas Campo Alegre e Bela Cruz. Como se trata de um evento que não demora a completar dois séculos, é compreensível que muito dessa memória tenha sido sepultado com aqueles que dela tomaram conhecimento e a rememoraram depois de 1833.

Por outro lado, há referência, nos autos, à decapitação de um dos membros da família senhorial e às ameaças de degola que teriam sido feitas por Ventura Mina aos insurgentes. As lembranças, as reelaborações e os esquecimentos são elementos constitutivos da memória, podem ser intencionais ou não e precisam ser problematizados. Ao que tudo indica, o resultado sangrento da Revolta de Carrancas, que culminou com a morte de 21 escravos, 2 "pessoas de cor", 1 agregado e 9 membros da família Junqueira, marcou profundamente a memória senhorial e coletiva da região. Os fragmentos da memória que permanecem na literatura e nos relatos estão ligados à punição exemplar dos escravos insurretos, os enforcamentos e/ou a exposição das cabeças fincadas em mourões, estacas ou postes, mas apresentam algumas nuances, tanto pelo que emerge como pelo que é silenciado.

Impressiona como essas memórias compartilhadas se relacionam e se associam à documentação da revolta. Como se viu, os fios e rastros dessa história estão presentes tanto na literatura, possivelmente extraídos das memórias familiares da ascendência paterna de Oswald de Andrade com os Junqueira, como nas memórias individuais dos senhores Pedro Gonçalves Rocha, José Maria de Rezende e José Nélio Teodoro e nas cartas da genealogista Mariana de Andrade Bueno. Há também a memória coletiva, reelaborada ao longo do tempo, que remonta à época do cativeiro e à violência da escravidão. Assim, há uma aproximação entre a memória histórica e a memória coletiva envolvendo sujeitos de classes sociais distintas, que confrontam o passado e disputam na memória histórica o lugar dos vencedores.

DIAGRAMA DOS MORTOS NA REVOLTA DOS ESCRAVOS DE CARRANCAS — MINAS GERAIS (1833)

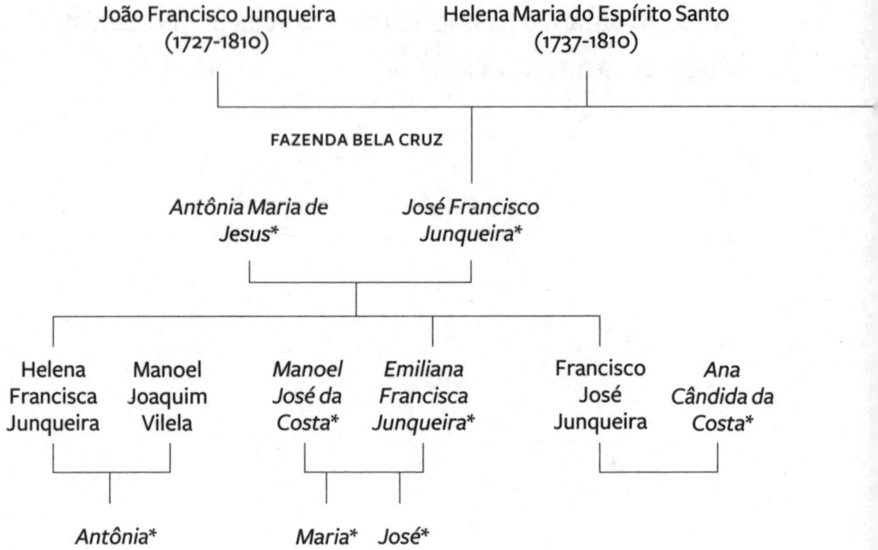

* Os nove membros da família Junqueira mortos pelos escravos nas fazendas Campo Alegre e Bela Cruz em 13 de maio de 1833 estão assinalados em itálico.

** Houve um único confronto com os escravos insurretos na Fazenda Jardim, que resultou na morte de cinco deles. Nos autos há indicação de que foram mortas mais três pessoas: Francisco da Costa, agregado da Fazenda Jardim, e duas "pessoas de cor", sem indicar seus nomes.

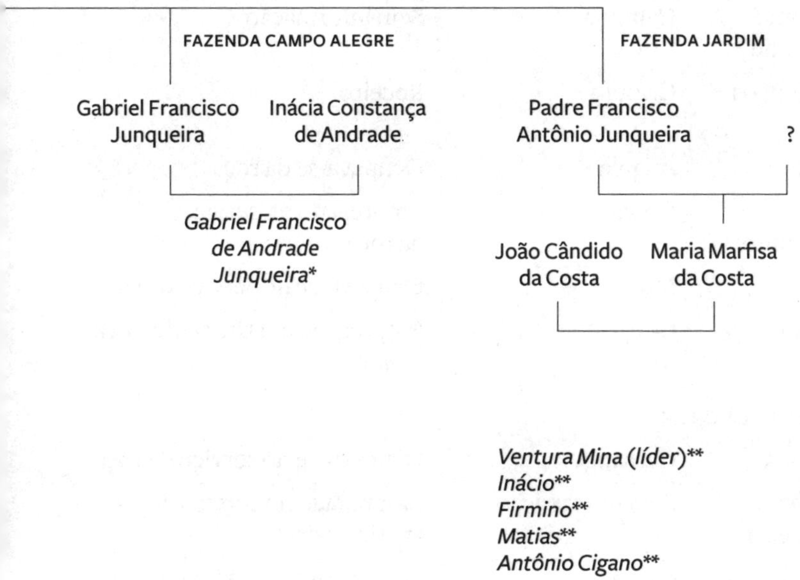
FAZENDA CAMPO ALEGRE
FAZENDA JARDIM
Gabriel Francisco Junqueira
Inácia Constança de Andrade
Padre Francisco Antônio Junqueira
?
Gabriel Francisco de Andrade Junqueira*
João Cândido da Costa
Maria Marfisa da Costa
Ventura Mina (líder)**
Inácio**
Firmino**
Matias**
Antônio Cigano**

ESCRAVOS INDICIADOS E JULGADOS NO PROCESSO DE INSURREIÇÃO DA REVOLTA DE CARRANCAS — MINAS GERAIS (1833)

	NOME	NATURALIDADE/ETNIA	OCUPAÇÃO*
	FAZENDA CAMPO ALEGRE		
1	André	Crioulo	Ocupava-se no serviço da roça e também andava com o carro
2	Antônio Rezende	Cabinda	Sem informação
3	Domingos	Crioulo	Roceiro
4	João	Angola	Ocupava-se da roça
5	José Cassimiro	Congo	Empregado no serviço da roça
6	José	Mina	Ocupava-se no serviço da roça
7	Julião	Congo	Empregado em tirar leite, roçar e capinar
	FAZENDA BELA CRUZ		
8	Antônio	Cassange	Ocupava-se no serviço da roça
9	Antônio Retireiro	Sem informação	Empregado no serviço da roça e em tirar leite
10	Bernado	Congo	Ocupava-se em roçar e capinar
11	Davi	Crioulo	Ocupava-se em roçar e carrear
12	Eusébio	Cassange	Ocupava-se no serviço da roça
13	Francisco	Moçambique	Ocupava-se no serviço da roça
14	Joaquim	Mina	Ocupava-se no serviço da roça
15	José	Benguela	Sem informação

* Preservaram-se as designações das ocupações dos escravos insurgentes como descritas nos interrogatórios dos réus.

	INDICAÇÃO NOS AUTOS
1	Julgado e condenado à pena de morte por enforcamento
2	Teve a vida poupada, pois serviu de carrasco dos outros escravos
3	Julgado e condenado à pena de morte por enforcamento
4	Julgado e condenado à pena de morte por enforcamento
5	Julgado e absolvido por fugir no momento do confronto
6	Julgado e condenado à pena de morte por enforcamento
7	Julgado e condenado à pena de morte por enforcamento
8	Julgado e absolvido por não participar na execução das mortes
9	Julgado e condenado à pena de morte por enforcamento
10	Julgado e condenado à pena de morte por enforcamento
11	Julgado e absolvido por não participar na execução das mortes
12	Condenado a 600 açoites e ferro no pescoço por 4 anos
13	Julgado e absolvido por não participar na execução das mortes
14	Julgado e condenado à pena de morte por enforcamento
15	Condenado a 400 açoites e ferro, no pescoço por 3 anos

	NOME	NATURALIDADE/ ETNIA	OCUPAÇÃO*
16	José Campeiro	Benguela	Ocupava-se em campear e, algumas vezes, na roça
17	Julião	Crioulo	Andava na roça e no campo, era pajem do seu senhor e amansava cavalos
18	Lourenço	Angola	Ocupava-se no serviço da roça
19	Manoel	Angola	Ocupava-se no serviço da roça
20	Manoel Joaquim	Angola	Sem informação
21	Manoel Pedreiro	Moçambique	Pedreiro e empregava-se no serviço da roça
22	Manoel das Vacas	Benguela	Ocupava-se no serviço da roça e do retiro
23	Paulo	Crioulo	Ocupava-se no serviço da roça e em campear
24	Pedro	Congo	Empregado no serviço da roça
25	Pedro Velho	Benguela	Ocupava-se no serviço da roça
26	Quintiliano	Crioulo	Sem informação
27	Sebastião	Angola	Ocupava-se no serviço da roça
28	Rafael	Crioulo	Ocupava-se no serviço da roça
29	Tomás	Mufumbe	Ocupava-se no serviço da roça
	FAZENDA DA PRATA		
30	Roque**	Crioulo	Ocupava-se no serviço da roça e andava no caminho do Rio com a tropa
31	Jerônimo**	Crioulo	Tropeiro e ocupava-se algumas vezes no serviço da roça

** A pena de Roque e Jerônimo, ambos cativos nascidos no Brasil, foi posteriormente comutada por 600 açoites, por intercessão da proprietária Ana Luiza Gonçalves.

	INDICAÇÃO NOS AUTOS
16	Condenado a 400 açoites e ferro no pescoço por 3 anos
17	Julgado e condenado à pena de morte por enforcamento
18	Julgado e condenado à pena de morte por enforcamento
19	Julgado e condenado à pena de morte por enforcamento
20	Julgado e condenado à pena de morte por enforcamento
21	Condenado a 600 açoites e ferro no pescoço por 4 anos
22	Julgado e condenado à pena de morte por enforcamento
23	Julgado e absolvido por não participar na execução das mortes
24	Julgado e condenado à pena de morte por enforcamento
25	Julgado e absolvido por não participar na execução das mortes
26	Julgado e condenado à pena de morte por enforcamento
27	Julgado e condenado à pena de morte por enforcamento
28	Julgado e absolvido por não participar na execução das mortes
29	Julgado e absolvido por não participar na execução das mortes
30	Julgado e condenado à pena de 10 anos de galés com trabalhos
31	Julgado e condenado à pena de 10 anos de galés com trabalhos

Fonte: Processo-crime de Insurreição (1833), cx. PC 29-01, Arquivo Histórico do Instituto do Patrimônio Histórico e Artístico Nacional (IPHAN) — Seção São João del-Rei

CRONOLOGIA

1769

5 DE ABRIL _ Obtenção da sesmaria de Campo Alegre pelo patriarca João Francisco Junqueira.

1830

16 DE DEZEMBRO _ Aprovação do Código Criminal do Império.

1831

7 DE ABRIL _ Abdicação do imperador d. Pedro I.

3 DE MAIO _ Eleição de Gabriel Francisco Junqueira para deputado no Parlamento nacional.

21 DE JULHO _ Tentativa de insurreição escrava em Carrancas, liderada pelo vigário Joaquim José da Silva Lobo e pelo liberto Domingos Crioulo, procurador da Irmandade do Rosário do distrito de Carrancas.

18 DE AGOSTO _ Lei de criação da Guarda Nacional do Império e extinção dos corpos de milícias, guardas municipais e ordenanças.

7 DE NOVEMBRO _ Aprovação da lei de abolição do tráfico atlântico de escravos.

1832

29 DE NOVEMBRO _ Aprovação do Código do Processo Criminal.

1833

22 DE MARÇO A 23 DE MAIO _ Sedição Militar de 1833 ou Revolta do Ano da Fumaça, ocorrida em Ouro Preto, Minas Gerais.

13 DE MAIO _ Revolta dos escravos de Carrancas no sul de Minas Gerais.

10 DE JUNHO _ Projeto de lei n.º 4 enviado ao Parlamento nacional, que punia com mais celeridade a rebeldia escrava.

4, 5 E 6 DE DEZEMBRO _ Enforcamento em praça pública, na rua da Forca, em São João del-Rei, de doze escravos que participaram da Revolta de Carrancas, a saber: Julião Congo, Domingos Crioulo, Antônio Retireiro, Manoel das Vacas, Julião Crioulo, Quintiliano Crioulo, Pedro Congo, Sebastião Angola, Bernardo Congo, Manoel Joaquim, Lourenço da Costa e Manoel das Caldas.

1834

23 DE ABRIL _ Enforcamento em praça pública, na rua da Forca, em São João del-Rei, dos quatro últimos escravos que participaram da Revolta de Carrancas, a saber: Joaquim Mina, João Cabundá, André Crioulo e José Mina.

1835

25 DE JANEIRO _ Revolta dos Malês em Salvador, Bahia.

13 DE MAIO _ Fuzilamento de quatro escravos que participaram da Revolta dos Malês.

10 DE JUNHO _ Aprovação da lei n.º 4, com algumas modificações em relação ao projeto apresentado na mesma data, em 1833.

1840

3 DE DEZEMBRO _ Reforma do Código do Processo Criminal do Império.

1842

10 DE JUNHO A 4 DE JULHO _ Revolta Liberal na província de Minas Gerais. O ex-deputado Gabriel Francisco Junqueira voltou à cena política do Império e liderou uma coluna de revoltosos, na região de Baependi, que levou o sobrenome de sua família. Na ocasião, a família teria sido novamente ameaçada por parte das tropas legalistas e o levante de 13 de maio de 1833 foi relembrado.

NOTAS

APRESENTAÇÃO (P. 9-15)

1 José Antônio Marinho, *História do movimento político que no ano de 1842 teve lugar na província de Minas Gerais*. Rio de Janeiro: Typ. Imp. e Const. de J. Villeneuve e Comp., 1844, v. II, p. 24.

2 O projeto intitulado Arranjo, Catalogação, Classificação e Indexação de Processos-Crime e Inventários dos Séculos XVIII e XIX foi coordenado pelos professores Maria Tereza Pereira Cardoso e Ivan de Andrade Vellasco e contou com o financiamento da Fundação de Amparo à Pesquisa do Estado de Minas de Gerais (Fapemig) e a participação de dois bolsistas de aperfeiçoamento (Sérgio Luis Rizzo Dela Sávia e Marcos Ferreira de Andrade) e quatro de iniciação científica (Edna Maria de Resende, Maria Helena Soares Dulci, Cristina Teixeira e Valéria Mayrinque).

3 O LABDOC-UFSJ vem desenvolvendo esse trabalho há mais de três décadas. Há vários anos tem sido executado o projeto Fórum Documenta, que tem por objetivos o mapeamento, a organização, a catalogação e o restauro da documentação judiciária pertencente à antiga comarca do Rio da Mortes. Nos últimos anos, o projeto vem sendo desenvolvido em parceria com a Faculdade de Direito da Universidade Federal de Minas Gerais (UFMG). Para saber mais, acesse: https://documenta.direito.ufmg.br.

4 Informo ao leitor que as notas do posfácio são somente explicativas ou relativas à documentação coeva utilizada para a composição do texto. Evidentemente que se trata de um trabalho escrito a partir de minha reflexão historiográfica, teórica e metodológica acumulada

sobre a história social da escravidão e, particularmente, das revoltas escravas. Os trabalhos utilizados para a elaboração dos textos, inclusive os meus, estão todos devidamente indicados nas referências bibliográficas ao final do livro. Agradeço aos colegas de ofício (Isaac Cassemiro Ribeiro, Lidiany Barbosa, Márcio de Souza Soares, Moacir Rodrigo de Castro Maia, Roberto Ferreira Guedes e Silvia Maria Jardim Brügger) pela leitura crítica de algumas partes do texto, cujas observações, na medida do possível, foram incorporadas. Mas a responsabilidade pelas ideias apresentadas está restrita a mim.

5 Correspondência do juiz de paz de Baependi, Antônio Gomes Nogueira Freire, dirigida ao presidente da província de Minas Gerais, Manuel Inácio de Melo e Souza. In: "Rebelião de 1833". *Revista do Arquivo Público Mineiro*, Belo Horizonte, v. 18, p. 87-9, 1913. Disponível em: http://www.siaapm.cultura.mg.gov.br/modules/rapm/brtacervo.php?cid=628. Acesso em: 5 nov. 2024. Esse documento também está disponível no portal Impressões Rebeldes, como parte da reflexão sobre os 191 anos da Revolta de Carrancas. Disponível em: https://www.historia.uff.br/impressoesrebeldes/documento/noticia-dos-desastrosos-acontecimentos-nas-fazendas-campo-alegre-e-bela-cruz/. Acesso em: 5 nov. 2024.

6 Um processo-crime, no século XIX, originava-se da denúncia de um crime e, geralmente, continha as seguintes partes: sumário de culpa, auto de corpo de delito, qualificação do acusado e interrogatório das testemunhas, libelo acusatório, contestação do libelo acusatório pelo advogado de defesa do(s) réu(s), interrogatório do(s) réu(s), convocação do júri, julgamento, sentença e, quando era o caso, apelação para uma instância superior. Em relação aos autos da Revolta de Carrancas, selecionei as partes que julguei mais significativas para esta edição e que estão diretamente ligadas à análise feita no posfácio,

a saber: termo de acusação, auto de corpo de delito indireto, libelo acusatório, depoimento da testemunha Maria Joaquina do Espírito Santo, auto de perguntas feitas aos réus escravos, contestação do libelo acusatório por parte de d. Ana Luiza Gonçalves, execução das sentenças dos escravos condenados à pena máxima (morte por enforcamento), adendo ao libelo acusatório contra o réu Francisco Silvério Teixeira, interrogatório do réu Francisco Silvério Teixeira, contestação do libelo acusatório por parte do réu Francisco Silvério Teixeira, termo de desistência da acusação por parte de Gabriel Francisco Junqueira.

7 Para tornar acessível a leitura das partes dos autos selecionados, adotei alguns critérios de modernização, mas sem prejuízo ou alteração do sentido do texto: atualização ortográfica; inclusão de pontuação para maior fluência e compreensão; uso de maiúsculas e minúsculas de acordo com os padrões correntes; uso de reticências entre colchetes indicando supressão de trecho repetido; uso do termo em latim sic, entre colchetes, indicando que foi mantida a grafia da palavra ou do termo como no documento original; uso de colchetes para inclusão de letra, sílaba, conectivos ou palavras para melhor entendimento dos autos. As designações de origem dos escravos, como Banguela e Benguela, foram mantidas na transcrição como aparecem nos autos.

PROCESSO-CRIME — REVOLTA DOS ESCRAVOS DE CARRANCAS (P. 19-115)

1 Nos autos, a Fazenda Jardim aparece algumas vezes grafada como Fazenda Bom Jardim. Mas se trata da mesma propriedade de João Cândido da Costa casado na família Junqueira.

2 Provavelmente, trata-se do distrito de São Bento de Campo Belo (atual São Bento do Abade), próximo do curato de São Tomé das Letras e onde estava localizada a Fazenda da Prata, de Ana Luiza Gonçalves, que teve dois de seus escravos (Roque Crioulo e Jerônimo Crioulo) acusados e indiciados como cabeças da mesma insurreição.

3 Aqui o escrivão se confundiu ao grafar o nome de Gabriel Francisco de Andrade Junqueira, filho do deputado Gabriel Francisco Junqueira, o primeiro membro da família senhorial morto pelos escravos, na Fazenda Campo Alegre.

4 Provavelmente se trata de algo parecido, uma vez que o escrivão não completou a frase. É possível que Sebastião Angola fosse um escravo mais velho, pois nem sabia a sua idade, e ordenou ao escravo mais jovem, o moleque Manoel Joaquim, que auxiliasse na morte da senhora d. Ana.

POSFÁCIO (P. 119-221)

1 Arquivo Histórico do IPHAN — Seção São João del-Rei, doravante IPHAN-SJDR, Processo-crime de Insurreição (1833), cx. PC 29-01, f. 189*v*.

2 Ibid., f. 191*v*.

3 Nos autos, há menção de que foram mortas mais três pessoas, sem a indicação do nome de duas delas. Francisco da Costa, agregado da Fazenda Jardim que ia para Bela Cruz em busca de mantimentos teria sido morto por Ventura Mina. E na Bela Cruz foram mortas duas "pessoas de cor preta", provavelmente escravos domésticos que viviam na sede da fazenda. Portanto, considerando as informações dos autos, o saldo de mortos da insurreição foi de 33 pessoas.

4 Apesar de algumas intervenções, parte das fazendas resistiu à ação do tempo e pode ser vista na paisagem sul-mineira, como é o caso das fazendas Favacho, Traituba e Bela Cruz. Campo Alegre e Jardim são apenas marcas dos tempos da riqueza auferida à custa do trabalho escravo: somente suas bases e alicerces em pedra ainda estão presentes na região. Atualmente, as fazendas e ruínas mencionadas estão localizadas nos municípios de Cruzília e Luminárias, contíguos a São Tomé das Letras e Carrancas.

5 IPHAN-SJDR — Processo-crime de Insurreição (1833), cx. PC 29-01. Interrogatório do réu Julião Congo, f. 127.

6 Ibid., Correspondência enviada pelo juiz de paz de Baependi, Antônio Gomes Nogueira Francisco, ao relatar ao presidente da província, Manuel Inácio de Melo e Sousa, os acontecimentos de Campo Alegre e Bela Cruz, anexa ao processo, f. 14.

7 O deputado possuía grande escravaria. Em 1839, a Fazenda Campo Alegre foi recenseada e contava com 103 escravos. Muito provavelmente esse número não diferia muito em 1833. Listas nominativas de São Tomé das Letras — 1839, cx. 6, doc. 25. Documentação original pertencente ao Arquivo Público Mineiro, doravante APM. Disponível em: http://www.siaapm.cultura.mg.gov.br/modules/mapas_populacao/brtacervo.php?cid=473&op=1.

8 A família Junqueira era uma das grandes criadoras de gado e de animais de tração (bestas e cavalos) da província de Minas e muitos de seus cativos desempenhavam atividades como carreiro (condutor de carros de boi), retireiro (encarregado de retirar o leite da vaca), amansador de cavalos e tropeiros (condutor de tropas).

9 IPHAN-SJDR — Processo-crime de Insurreição (1833), cx. PC 29-01, Interrogatório de Paulo Crioulo, f. 157.

10 Ibid., Interrogatório de Manoel das Vacas, f. 143*v*.

11 Ibid., Interrogatório do réu Antônio Retireiro, f. 143.

12 Ibid., Interrogatório de Pedro Congo, f. 144*v*.

13 Ibid., Libelo acusatório, f. 118*v*.

14 Ibid., f. 119.

15 Ibid., Depoimento da testemunha Antônio Moreira da Silva, f. 27.

16 No inventário de José Francisco Junqueira, realizado em 1833, foram arrolados 87 porcos na Fazenda Bela Cruz. IPHAN-SJDR, cx. 377, f. 7*v*.

17 Assento de batismo de Maria (livre) e Brígida (escrava). Livro de Assentos de Batismos da Freguesia de Nossa Senhora da Conceição de Carrancas (1779-1884). Disponível em: https://familysearch.org/ark:/61903/3:1:939N-GWY4-J?cc=2177275&wc=M5F6-BZ7%3A370934801%2C369593702%2C370969101. Acesso em: 5 nov. 2024.

18 IPHAN-SJDR — Processo-crime de Insurreição (1833), cx. PC 29-01. Interrogatório de Rafael Crioulo, f. 157*v*.

19 Ibid., Interrogatório de Joaquim Mina, f. 142.

20 IPHAN-SJDR — Inventário de José Francisco Junqueira, 1833, cx. 377, f. 61.

21 IPHAN-SJDR — Processo-crime de Insurreição (1833), cx. PC 29-01. Interrogatório de Julião Crioulo, f. 150*v*.

22 A Guarda Nacional ou "milícia cidadã" foi instituída por lei em 1831 e surgiu de uma demanda das elites escravistas liberais para que pudessem se armar e obter patentes militares. Era acionada em momentos tensos de conflitos que envolviam as disputas entre as próprias elites, como foi o caso da Sedição Militar de 1833, ou mesmo nos que envolviam a rebeldia escrava, como a Revolta de Carrancas.

23 Francisco de Paula Ferreira de Rezende, *Minhas recordações*. Belo Horizonte: Imprensa Oficial, 1987, p. 66.

24 APM. Correspondência expedida da Câmara Municipal da vila de Campanha à Presidência da Província. Ofício do coronel comandante da 1.ª legião da vila de Campanha, Francisco de Paula Ferreira Lopes. 17 maio 1833. Seção Provincial, Presidência da Província (doravante SP PP), 1/33, cx. 47, doc. 25.

25 IPHAN-SJDR — Processo-crime de Insurreição (1833), cx. PC 29-01. Interrogatório de Julião Crioulo, f. 127*v*.

26 Provavelmente se trata dos casamentos de Joaquim Mina (condenado e enforcado como cabeça da insurreição) e de Julião Crioulo (pajem de José Francisco Junqueira, também julgado e enforcado).

27 Registros paroquiais de matrimônio de Nossa Senhora da Conceição de Carrancas (1815-88), imagem 35. Disponível em: https://www.familysearch.org/ark:/61903/3:1:939n-gwfr-3?i=34&wc=m5f6-rmw%3a370934801%2c369593702%2c371017901&cc=2177275. Acesso em: 5 nov. 2024.

28 Ibid., imagem 50. Disponível em: https://www.familysearch.org/ark:/61903/3:1:939n-gwf1-d?i=49&wc=m5f6-rmw%3a370934801%2c369593702%2c371017901&cc=2177275. Acesso em: 5 nov. 2024.

29 IPHAN-SJDR — Processo-crime de Insurreição (1833), cx. PC 29-01. Depoimento da testemunha Manoel Álvares, f. 32.

30 Para mais detalhes sobre a tentativa insurrecional de 1831, ver: Correspondência do juiz de paz suplente de Carrancas, Domingos Teodoro de Azevedo, dirigida ao presidente da província de Minas Gerais, Manuel Inácio de Melo e Sousa, em 21 de julho de 1831. APM, SP PP 1/18, cx. 187, doc. n. 8.

31 Antônio de Morais Silva, *Diccionario da lingua portugueza*. Lisboa: Typographia Lacerdina, 1813, p. 285.

32 Rafael Bluteau, *Vocabulario portuguez & latino*. Coimbra: Collegio das Artes da Companhia de Jesus, 1728, p. 133.

33 IPHAN-SJDR — Processo-crime de Insurreição (1833), cx. PC 29-01. Contestação do libelo acusatório por parte do réu Francisco Silvério Teixeira, f. 212.

34 Idem. Interrogatório do réu Francisco Silvério Teixeira, f. 206-206*v*.

35 Ibid., Contestação do libelo acusatório por parte do réu Francisco Silvério Teixeira. f. 211*v*.

36 Ibid., Adendo ao libelo acusatório contra o réu Francisco Silvério Teixeira, f. 201*v*.

37 Assento de batismo de Luiza, filha de Francisco Silvério Teixeira. Disponível em: https://www.familysearch.org/ark:/61903/3:1:939n-g495-ry?i=74&wc=m5FF-GP6%3a370940601%2c369591102%2c370987701&cc=2177275. Acesso em: 5 nov. 2024.

38 IPHAN-SJDR — Processo-crime de Insurreição (1833), cx. PC 29-01. Adendo ao libelo acusatório contra Francisco Silvério Teixeira interposto pelo deputado Gabriel Francisco Junqueira, f. 201*v*.

39 Idem. Termo de desistência da acusação por parte de Gabriel Francisco Junqueira, f. 230.

40 Segundo o depoimento da testemunha Gabriel Osório das Dores, alfaiate, de idade de 37 anos, Antônio Retireiro "se apelidava caramuru". IPHAN-SJDR, Processo-crime de Insurreição (1833), cx. PC 29-01, f. 58.

41 APM. Na lista nominativa de habitantes do curato de São Tomé das Letras, de 1839, aparece um casal de agregados forros, José e

Maria. Pela idade presumida, tanto nos autos como na referida lista, parece que se trata do casal que foi testemunha nos autos da Revolta de Carrancas. Disponível em: http://www.siaapm.cultura.mg.gov.br/modules/mapas_populacao_docs/photo.php?lid=54252. Acesso em: 5 nov. 2024.

42 IPHAN-SJDR, Processo-crime de Insurreição (1833), cx. PC 29-01. Depoimento de Maria Joaquina do Espírito Santo, f. 48*v*-49.

43 Segundo a versão dada pelo periódico *O Universal*, o nome era derivado de "um pássaro que [havia] na província do Rio Grande do Sul, [...] dado primeiramente a um corpo de tropas que ali existia, trazido depois por analogia aos adidos à Guarda Municipal Permanente do Rio de Janeiro e aplicado finalmente pelos caramurus ao partido da revolução de 7 de abril". *O Universal*, Ouro Preto, n.º 975, 7 jan.1834, p. 2. Disponível em: https://memoria.bn.gov.br/DocReader/docreader.aspx?bib=706930&pasta=ano%20183&pesq=animais%20de%20patas%20como%20de%20burros&pagfis=5542. Acesso em: 5 nov. 2024.

44 *O Verdadeiro Caramuru*, Rio de Janeiro, n.º 52, 28 nov. 1833, p. 3. Disponível em: https://memoria.bn.gov.br/DocReader/docreader.aspx?bib=702650&pesq=animais%20de%20patas%20como%20de%20burros&pagfis=216. Acesso em: 5 nov. 2024.

45 *Aurora Fluminense*, v. 6, n.º 797, 24 jul. 1833, p. 3390. Disponível em: http://memoria.bn.br/DocReader/DocReader.aspx?bib=706795&pesq=%22Diogo%20%C3%81lvares%22&pasta=ano%20183&pagfis=3474. Acesso em: 5 nov. 2024. Nesse mesmo número, Evaristo da Veiga noticiou que Gabriel Francisco Junqueira havia sido reeleito para mais uma legislatura pela província de Minas Gerais, com 681 votos, ao lado de outros deputados como ele próprio, além de Bernardo Pereira de Vasconcelos, José Custódio Dias, José Bento Ferreira Leite e Caetano Batista de Almeida, entre outros.

46 IPHAN-SJDR — Processo-crime de Insurreição (1833), cx. PC 29-01. Libelo acusatório, f. 116*v*.

47 Em virtude da insurreição e das mortes de todos os moradores da Fazenda Bela Cruz, foram realizados os inventários de José Francisco Junqueira e de Manoel José da Costa no início de agosto de 1833. A partir desses documentos, foi possível encontrar o nome, o sexo e a idade da maioria dos cativos arrolados. Havia 36 escravos na Fazenda Bela Cruz, sem contar os 22 que foram indiciados no processo. Desses 36, dezenove eram homens e dezessete, mulheres. Em relação à idade, onze eram crianças, sendo que cinco delas tinham entre poucos meses de idade e dois anos. Portanto, é uma cena bastante forte imaginar várias mulheres e crianças, algumas de peito, acompanhando Ventura Mina em direção à Fazenda Jardim, como é relatado nos autos. IPHAN-SJDR, Inventário de José Francisco Junqueira, 1833, cx. 377; Inventário de Manoel José da Costa e de Emiliana Francisca Junqueira, 1833, cx. 351.

48 IPHAN-SJDR — Processo-crime de Insurreição (1833), cx. PC 29-01, f. 48*v*.

49 Alguns membros da família Junqueira atuaram esporadicamente no tráfico interno de escravos do Rio de Janeiro para o sul de Minas. João Pedro Diniz Junqueira é o que aparece maior número de vezes e com um número significativo de cativos: 2 de março de 1815 — 93 escravos; 24 de dezembro de 1815 — 53 escravos; 8 de fevereiro de 1816 — 62 escravos; 26 de março de 1830 — 54 escravos. Ou seja, entre 1815 e 1830, o fazendeiro, em quatro viagens, traficou 262 escravos, mais que o dobro de cativos de sua propriedade na década de 1830. Ver: Arquivo Nacional (AN) — códice 421, v. 3, f. 390*v*; v. 6, f. 186 e 264; códice 424, v. 4, f. 104.

50 IPHAN-SJDR, Inventário de Helena Maria do Espírito Santo, 1811, cx. 81, f. 6.

51 APM, Lista nominativa de habitantes de São Tomé das Letras — 1839. Mapas de População (MP), cx. 6, doc. 25. Disponível em: http://www.siaapm.cultura.mg.gov.br/modules/mapas_populacao/brtacervo.php?cid=473&op=1. Acesso em: 5 nov. 2024.

52 APM, SP PP 1/18, cx. 42 — Correspondência do juiz de direito de São João del-Rei ao presidente da província, 7 fev. 1835.

53 Código Criminal do Império do Brasil. *Colleção das leis do Império do Brasil*, 1830, parte primeira. Rio de Janeiro: Typographia Nacional, 1876, p. 163. Disponível em: https://www2.senado.leg.br/bdsf/item/id/221763. Acesso em: 5 nov. 2024.

54 O texto do preâmbulo e do projeto foi publicado em 11 de junho de 1833. *Correio Mercantil*, Rio de Janeiro, n.º 18, p. 2. Disponível em: https://memoria.bn.br/DocReader/docreader.aspx?bib=709530&pesq=Corpo%20Legislativo%20a%20mais%20s%c3%A9ria%20aten%c3%A7%c3%A3o&pagfis=3759. Acesso: 5 nov. 2024.

55 *Anais do Parlamento Brasileiro*, Câmara dos Deputados, sessão de 10 de junho de 1833. Brasília: Câmara dos Deputados; Centro de Documentação e Informação, Coordenação de Publicações, 1982, v. 1, p. 243-44.

56 Ibid.

57 Ibid.

58 *Anais do Parlamento Brasileiro*, edição 2(1), 4 jul. 1833, p. 32.

59 *Coleção das leis do Império do Brasil*. Rio de Janeiro: Typographia Nacional, 1864. Parte primeira, p. 5. Disponível em: https://www2.camara.leg.br/atividade-legislativa/legislacao/colecao-anual-de-leis/copy_of_colecao3.html. Acesso em: 5 nov. 2024.

60 Ofício de Ethan A. Brown a Edward Livingston, 7 jun. 1833, US National Archive. Agradeço a Tâmis Parron pela cessão de uma cópia digitalizada desse documento.

61 *Anais do Senado do Império do Brasil*. Sessão de 8 de março de 1879, p. 127. Disponível em http://www.senado.leg.br/publicacoes/anais/pdf/Anais_Imperio/1879/1879%20Livro%203.pdf. Acesso em: 5 nov. 2024.

62 Ibid., p. 128.

63 Francisco de Paula Ferreira de Rezende, *Minhas recordações*. Belo Horizonte: Imprensa Oficial, 1987, p. 65.

64 Ibid., p. 66. Conforme trecho de documento citado e referenciado na nota 24, Francisco de Paula Ferreira Lopes era avô do memorialista. Foi comandante da 1.ª Legião da Guarda Nacional de Campanha e produziu um breve e importante relato do combate e prisão dos insurgentes na Fazenda Jardim, especialmente sobre a morte do líder Ventura Mina.

65 *A Verdade*, n.º 222 e n.º 223, 17 e 19 set. 1833. Disponível em: https://memoria.bn.br/DocReader/docreader.aspx?bib=702102&pasta=ano%20183&pesq=&pagfis=897. Acesso em: 5 nov. 2024.

66 Pela data de publicação da matéria, posso inferir que o redator se referia à Revolta de Carrancas, embora não a mencione claramente. *O Verdadeiro Caramuru*, n.º 5, 31 maio 1833, p. 4. Disponível em: https://memoria.bn.gov.br/DocReader/docreader.aspx?bib=702650&pesq=sabemos%20que%20os%20escravos%20em%20Minas%20começam&pagfis=20. Acesso em: 5 nov. 2024.

67 Nas edições publicadas a partir de 1945, o terceiro verso vem grafado da seguinte forma: "Miavam de noite". Optei por seguir a edição da obra *Pau Brasil* de 1925, corrigida pelo próprio autor, no exemplar que presenteou ao amigo Mário de Andrade. Agradeço ao

escritor Caio Maciel Junqueira a indicação da obra e do poema de Oswald de Andrade, quando tive oportunidade de comentar os relatos que mencionam a exposição das cabeças dos insurretos em estacas e mourões, obtidos nas entrevistas realizadas com alguns moradores dos municípios de Cruzília e de São Tomé das Letras.

68 Oswald de Andrade, *Pau Brasil*. Paris: Sans Pareil, 1925, p. 40.

69 Oswald de Andrade, *Um homem sem profissão: memórias e confissões. Sob as ordens de mamãe*. 3. ed. Rio de Janeiro: Civilização Brasileira, 1976, p. 30.

70 Ibid., p. 11.

71 Ibid., p. 28.

72 As relações entre as duas famílias vinham de longa data e ficaram registradas em alguns documentos. O bisavô do escritor aparece como louvado do inventário de Helena Maria do Espírito Santo, esposa do patriarca da família Junqueira, João Francisco Junqueira, em 1811. E também aparece como testemunha nos autos da revolta, em 1833.

73 APM, Listas nominativas de habitantes de 1838-1840 para o distrito de São Tomé das Letras. Disponível em: http://www.siaapm.cultura.mg.gov.br/modules/mapas_populacao_docs/viewcat.php?cid=473. Acesso em: 5 nov. 2024.

74 APM, Listas nominativas de habitantes de 1838-1840 para o termo de Baependi, distrito de São José do Favacho, cx. 13, doc. 13. Disponível em: http://www.siaapm.cultura.mg.gov.br/modules/mapas_populacao_docs/viewcat.php?cid=1138. Acesso em: 5 nov. 2024.

75 Oswald de Andrade, *Pau Brasil*. Paris: Sans Pareil, 1925, p. 88.

76 Trata-se do projeto Narrativas do Tempo do Cativeiro: Memória Oral e Escravidão na Comarca do Rio das Mortes, aprovado

no Comitê de Ética em Pesquisa da Universidade Federal de São João del-Rei (CEPSJ), cadastrado na Plataforma Brasil sob o CAAE n.º 94272518.6.0000.5151. O projeto esteve vinculado ao Programa de Capacitação Docente/Projeto Memória e Comunidades de Sentido: Percursos Historiográficos (PROCAD) da Fundação Coordenação de Aperfeiçoamento de Pessoal de Nível Superior (CAPES), até 2020, desenvolvido em parceria com os programas de pós-graduação em história da Universidade Federal Fluminense (UFF), da Universidade Federal do Pará (UFPA) e da Universidade Federal de São João del-Rei (UFSJ). O projeto também faz parte desde 2018 do programa de extensão da UFSJ.

77 Entrevista realizada com o sr. Pedro Gonçalves da Rocha, na zona rural de Cruzília, em 30 de junho de 2017. Na época, ele contava com 63 anos.

78 Entrevista realizada com o sr. José Maria de Rezende, em sua residência, na sede da Fazenda Sobradinho, zona rural do município de São Tomé das Letras, em 14 de novembro de 2014.

79 Entrevista realizada com o sr. José Nélio Teodoro, em sua residência, no distrito de Sobradinho, pertencente ao município de São Tomé das Letras, no dia 9 de novembro de 2019.

80 Carta de Mariana de Andrade Bueno aos seus primos May e Haroldo, datada de 27 de maio de 1978. Acervo original pertencente ao psicanalista e genealogista dr. José Américo Junqueira de Mattos, que generosamente o cedeu para a pesquisa.

81 Anotações manuscritas da genealogista intituladas "O processo do massacre da Bela Cruz".

82 Antônio Rabelo de Carvalho e Ana Francisca Junqueira casaram-se no ano de 1825. Disponível em: http://www.projetocompartilhar.org/Familia/11JoaoGarciaDuarte.htm. Acesso em: 5 nov. 2024.

83 Informação mencionada por Lucila Reis Brioschi, em sua dissertação de mestrado. A autora gentilmente cedeu-me uma cópia digitalizada do referido documento.

84 IPHAN-SJDR — Processo-crime de Insurreição (1833), cx. PC-29-01. Correspondência do juiz de paz de Baependi, Antônio Gomes Nogueira Freire, f. 13.

85 Ibid., Interrogatório dos escravos José Carneiro Congo e José Mina (Campo Alegre) e Manoel Joaquim e Manoel das Caldas (Bela Cruz), f. 130-31, 147, 153.

86 Ibid., Auto de corpo de delito, f. 10*v*.

87 Livro de óbitos de Carrancas (1816-74). Imagens 84 e 85. Disponível em: https://familysearch.org/ark:/61903/3:1:939n-gw9z-61?cc=2177275&wc=m5fx-928%3a370934801%2c369593702%2c371038301. Acesso em: 5 nov. 2024.

FONTES E BIBLIOGRAFIA

Fontes manuscritas

ARQUIVO HISTÓRICO DO INSTITUTO DO PATRIMÔNIO HISTÓRICO NACIONAL (IPHAN) — SEÇÃO DE SÃO JOÃO DEL-REI (MG)

Processo-crime de Insurreição (1833), cx. PC 29-01.

Inventário de Helena Maria do Espírito Santo (1811), cx. 81.

Inventário de José Francisco Junqueira, 1833, cx. 377.

Inventário de Manoel José da Costa e Emiliana Francisca Junqueira, 1833, cx. 351.

ARQUIVO NACIONAL

Registro dos passaportes dos tropeiros — códice 421, v. 3, f. 390*v*; v. 6, f. 186 e 264; códice 424, v. 4, f. 104.

ARQUIVO PARTICULAR FAMÍLIA JUNQUEIRA

Carta de Mariana de Andrade Bueno aos seus primos May e Haroldo, datada de 27 de maio de 1978 e anotações manuscritas intituladas "O processo do massacre da Bela Cruz".

ARQUIVO PÚBLICO MINEIRO

Lista nominativa de habitantes de São Tomé das Letras — 1839. Mapas de População (MP), cx. 6, doc. 25.

Lista nominativa de habitantes do termo de Baependi, distrito de São José do Favacho — 1840. MP, cx. 4, doc. 6.

Correspondência da comarca de São João del-Rei sobre a fuga de presos, dentre eles a de Antônio Rezende — 7 fev. 1835. Seção Provincial, Presidência da Província (SP PP) 1/18, cx. 42, doc. 14.

Correspondência da Câmara Municipal sobre a repressão na Fazenda Jardim por parte do coronel comandante da 1.ª Legião da Guarda Nacional de Campanha, Francisco de Paula Ferreira Lopes — 19 maio 1833. SP PP 1/33, cx. 47, doc. 15.

BIBLIOTECA NACIONAL

Jornal *Aurora Fluminense*, 1833.

Jornal *A Verdade*, 1833.

Jornal O *Astro de Minas*, 1833,1834.

Jornal O *Universal*, 1834.

Jornal O *Verdadeiro Caramuru*, 1833.

FAMILY SEARCH

Livro de assentos de batismos da freguesia de Nossa Senhora da Conceição de Carrancas (1779-1884). Disponível em: https://familysearch.org/ark:/61903/3:1:939N-GWY4-J?cc=2177275&WC=M5F6-B-Z7%3A370934801%2C369593702%2C370969101. Acesso em: 5 nov. 2024.

Livro de assentos de matrimônio de Nossa Senhora da Conceição de Carrancas (1815-88), imagem 35. Disponível em: https://www.familysearch.org/ark:/61903/3:1:939N-GWFR-3?i=34&WC=M5F6-RM-W%3A370934801%2C369593702%2C371017901&cc=2177275. Acesso em: 5 nov. 2024.

Livro de óbitos de Carrancas (1816-74). Imagens 84 e 85. Disponível em: https://familysearch.org/ark:/61903/3:1:939N=-G9wZ61-?cc2177275=&wc-M5FX-928%3A370934801%2C369593702%2C371038301. Acesso em: 5 nov. 2024.

US NATIONAL ARCHIVE — WASHINGTON

Ofício de Ethan A. Brown a Edward Livingston, 7 jun. 1833.

Fontes impressas

Anais do Parlamento Brasileiro. Câmara dos Deputados, sessão de 10 de junho de 1833. Brasília: Câmara dos Deputados; Centro de Documentação e Informação, Coordenação de Publicações, 1982, v. 1, p. 243-44.

Anais do Senado do Império do Brasil, 1879. Livro 3.

Andrade, Oswald. *Pau Brasil*. Paris: Sans Pareil, 1925.

_______. *Um homem sem profissão: sob as ordens de mamãe*. 3. ed. Rio de Janeiro: Civilização Brasileira, 1976.

Coleção das Leis do Império do Brasil. Rio de Janeiro: Tipografia Nacional, 1864. Disponível em: https://www2.camara.leg.br/atividade-legislativa/legislacao/colecao-anual-de-leis/copy_of_colecao3.html. Acesso em: 5 nov. 2024.

Marinho, José Antônio. *História do movimento político que no ano de 1842 teve lugar na província de Minas Gerais*. Rio de Janeiro: Typografia de J. E. S. Cabral, 1844, v. I e II.

Rezende, Francisco de Paula Ferreira de. *Minhas recordações*. Belo Horizonte: Imprensa Oficial, 1987.

Fontes orais

Entrevista realizada com o sr. José Maria de Rezende, em sua residência, na sede da Fazenda Sobradinho, zona rural do município de São Tomé das Letras, no dia 14 de novembro de 2014.

Entrevista realizada com o sr. Pedro Gonçalves da Rocha, na zona rural de Cruzília, no dia 30 de junho de 2017.

Entrevista realizada com o sr. José Nélio Teodoro, em sua residência, no distrito de Sobradinho, pertencente ao município de São Tomé das Letras, no dia 9 de novembro de 2019.

BIBLIOGRAFIA

Alberti, Verena. *Manual de história oral*. Rio de Janeiro: Fundação Getulio Vargas, 2007.

Andrade, Francisco Eduardo de. "Poder local e herança colonial em Mariana: faces da revolta do 'Ano da Fumaça' (1833)". In: *Termo de Mariana: história e documentação*. Mariana: Editora da Ufop, 1998, p. 127-35.

Andrade, Marcos Ferreira de. *Rebeldia e resistência: as revoltas escravas na província de Minas Gerais*. Dissertação (Mestrado em história) — Belo Horizonte: FAFICH-UFMG, 1996.

________. "Rebeliões escravas na comarca de Ouro Preto". *Varia História*, Belo Horizonte, n.º 17 (mar. 1997), p. 237-57.

_______. "Rebeliões escravas na comarca do Rio das Mortes, Minas Gerais: o caso Carrancas". *Afro-Ásia*, Salvador, n.º 21-22 (1998-99), p. 45-82.

_______. "Revolta de Carrancas". In: Vainfas, Ronaldo (org.). *Dicionário do Brasil imperial*. Rio de Janeiro: Objetiva, 2002, p. 635-37.

_______. "O outro 13 de maio". *Revista de História*, Rio de Janeiro, Biblioteca Nacional, ano 1, n.º 2 (ago. 2005), p. 69-73.

_______. "Revoltas escravas e pena de morte na história do Império do Brasil: considerações sobre a origem da lei de 10 de junho de 1835". In: Antunes, Álvaro de Araujo; Silveira, Marco Antônio (org.). *Dimensões do poder em Minas (séculos XVIII e XIX)*. Belo Horizonte: Fino Traço, 2012.

_______. *Elites regionais e a formação do Estado imperial brasileiro: Minas Gerais — Campanha da Princesa (1799-1850)*. 2. ed. revista e atualizada. Belo Horizonte: Fino Traço, 2014.

_______. "Massacre em Carrancas. Depois do massacre". *Impressões Rebeldes*, Niterói, ano 4, n.º 2 (jul.-dez. 2016).

_______. "A pena de morte e a revolta dos escravos de Carrancas: a origem da 'lei nefanda' (10 de junho de 1835)". *Tempo*, Niterói, v. 23, n.º 2 (2017), p. 264-89.

_______. "*Horrenda Exceptione*: antecedentes da lei n.º 4 de 10 de junho de 1835 e o levante dos escravos de Carrancas". In: Dal Ri Jr., Arno; Nunes, Diego; Sontag, Ricardo (org.). *História do direito penal: confins entre o direito penal e política na modernidade jurídica (Brasil e Europa)*. Florianópolis: Habitus, 2020, p. 117-44.

_______. "'Contam que houve uma porção de enforcados. E as cabeças espetadas nos postes': literatura e oralidade na revolta dos escravos de Carrancas". *Estudos Históricos*, Rio de Janeiro, v. 34, n.º 74 (set.-dez. 2021), p. 512-36.

______. " 'Nós somos os caramurus e vamos arrasar tudo': a história da revolta dos escravos de Carrancas, Minas Gerais (1833)". In: Reis, João José; Gomes, Flávio dos Santos (org.). *Revoltas escravas no Brasil*. São Paulo: Companhia das Letras, 2021, p. 262-324.

______; Silva, Janaína de Carvalho. "Moderados, exaltados e caramurus no prelo carioca: os embates e as representações de Evaristo Ferreira da Veiga (1831-1835)". *Almanack*, Guarulhos, n.º 4 (2012), p. 130-50.

Barata, Alexandre Mansur. "A revolta do Ano da Fumaça". *Revista do Arquivo Público Mineiro*, Belo Horizonte, ano l, n.º 1 (2014), p. 78-91.

Basile, Marcello Otávio Néri. *O Império em construção: projetos para o Brasil e ação política na Corte regencial*. Tese (Doutorado em história) — Rio de Janeiro: UFRJ, 2004.

______. *A politização das ruas: projetos de Brasil e ação política no tempo das regências*. Brasília: Edições do Senado Federal, 2022, v. 1 e 2.

Bergad, Laird. *Slavery and the Demographic and Economic History of Minas Gerais, Brazil, 1720-1888*. Cambridge: Cambridge University Press, 1999.

Brioschi, Lucila Reis. *Família e genealogia: quatro gerações de uma grande família no Sudeste brasileiro*. Dissertação (Mestrado) — São Paulo: FFCLH-USP, 1985.

Brown, Christopher Leslie; Morgan, Philip D. (ed.). *Arming Slaves: From Classical Times to the Modern Age*. New Haven: Yale University Press, 2006.

Brügger, Silvia; Oliveira, Anderson de. "Os benguelas de São João del-Rei: tráfico atlântico, religiosidade e identidades étnicas (séculos XVIII e XIX)". *Tempo*, Niterói, v. 13, n. 26 (2009), p. 177-204.

Cardoso, Maria Tereza Pereira. *Lei branca e justiça negra: crimes de escravos nas vilas de São João del-Rei e São José (1814-1852)*. Tese (Doutorado) — Campinas: IFCH-Unicamp, 2002.

______. "Caramuru somos nós". *Revista Eletrônica de História do Brasil*, Juiz de Fora, v. 2, n. 1 (1998), p. 30-33.

Carvalho, José Murilo de. *A construção da ordem: a elite imperial e Teatro de sombras: a política imperial*. 2. ed. Rio de Janeiro: Editora da UFRJ; Relume-Dumará, 1996.

______ (org.). *Bernardo Pereira de Vasconcelos*. São Paulo: Editora 34, 1999.

Costa, Ana Paula Pereira. "Potentados locais e seu braço armado: as vantagens e dificuldades advindas do armamento de escravos na conquista das Minas". *Topoi*, v. 14, n. 26 (2013), p. 18-32.

Costa, Emília Viotti. *Coroas de glória, lágrimas de sangue: a rebelião dos escravos de Demerara em 1823*. São Paulo: Companhia das Letras, 1998.

Costa e Silva, Alberto da. *A manilha e o libambo: a África e a escravidão, de 1500 a 1700*. Rio de Janeiro: Nova Fronteira, 2002.

Dantas, Mônica Duarte (org.). *Revoltas, motins, revoluções: homens livres pobres e libertos no Brasil do século XIX*. São Paulo: Alameda Editorial, 2011.

______. "Dos *statutes* ao Código Brasileiro de 1830: o levante de escravos como crime de insurreição". *Revista do IHGB*, v. 452 (2011), p. 273-309.

Faria, Sheila de Castro. "Fortuna e família em Bananal no século XIX". In: Mattos, Hebe Maria; Schnoor, Eduardo. *Resgate: uma janela para o Oitocentos*. Rio de Janeiro: Topbooks, 1995, p. 63-98.

Farias, Juliana Barreto; Soares, Carlos Eugênio Líbano; Gomes, Flávio dos Santos. *No labirinto das nações: africanos e identidades no Rio de Janeiro*. Rio de Janeiro: Arquivo Nacional, 2005.

Florentino, Manolo. *Em costas negras: um estudo sobre o tráfico atlântico de escravos para o porto do Rio de Janeiro* (1790-1830). São Paulo: Companhia das Letras, 1997.

______; Góes, José Roberto. *A paz das senzalas: famílias escravas e tráfico atlântico, Rio de Janeiro, c. 1790-c. 1850*. Rio de Janeiro: Civilização Brasileira, 1997.

Flory, Thomas. *El juez de paz y el jurado en el Brasil imperial, 1808-1871*. Trad. Mariluz Caso. México: Fondo de Cultura Económica, 1986.

Fonseca, Maria Augusta. "Taí: é ou não é — Cancioneiro *Pau Brasil*". *Literatura e sociedade*, São Paulo, v. 9, n.º 7 (2004), p. 120-45.

______. *Oswald de Andrade: biografia*. 2. ed. Rio de Janeiro: Globo, 2007.

Fragoso, João Luiz Ribeiro. *Homens de grossa aventura*. Rio de Janeiro: Civilização Brasileira, 1998.

______; Ferreira, Roberto Guedes. "Alegrias e artimanhas de uma fonte seriada: os códices 390, 421, 424 e 425: despachos de escravos e passaportes da Intendência de Polícia da Corte, 1819-1833". In: Botelho, Tarcísio Rodrigues et al. (org.). *História quantitativa e serial no Brasil: um balanço*. Goiânia: ANPUH-MG, 2001, p. 267-69.

Furtado, Júnia Ferreira. "Testamentos e inventários: a morte como testemunho da vida". In: Pinsky, Carla Bassanezi; Luca, Tania Regina de (org.). *O historiador e suas fontes*. 2. ed. São Paulo: Contexto, 2012, p. 93-118.

Gagnebin, Jeanne Marie. *Lembrar escrever esquecer*. São Paulo: Editora 34, 2006.

Genovese, Eugene D. *Da rebelião à revolução*. São Paulo: Global, 1983.

Ginzburg, Carlo. *O fio e os rastros: verdadeiro, falso, fictício*. Trad. Rosa Freire d'Aguiar e Eduardo Brandão. São Paulo: Companhia das Letras, 2007.

Góes, José Roberto. "Ponte de Tábuas: uma fazenda desgovernada em 1850". *Topoi*, v. 9, n. 16 (jan.-jun. 2008), p. 153-90.

Gomes, Flávio dos Santos. *Histórias de quilombolas: mocambos e comunidades de senzalas no Rio de Janeiro — século* XIX. Rio de Janeiro: Arquivo Nacional, 1995.

Gonçalves, Andréa Lisly. *Estratificação social e mobilizações políticas no processo de formação do Estado nacional brasileiro: Minas Gerais, 1831--1835*. São Paulo: Hucitec, 2008.

Greenberg, Kenneth S. (org.). *Nat Turner: A Slave Rebellion in History and Memory*. Nova York: Oxford University Press, 2003.

Grinberg, Keila. "Processos criminais: a história nos porões dos arquivos judiciários". In: Pinsky, Carla Bassanezi; Luca, Tania Regina de (org.). *O historiador e suas fontes*. São Paulo: Contexto, 2012, p. 119-40.

______ et al. "Rebeliões escravas antes da extinção do tráfico". In: Grinberg, Keila; Salles, Ricardo (org.). *O Brasil imperial. 1808-1831*. Rio de Janeiro: Civilização Brasileira, 2009, v. 1, p. 235-67.

Guimarães, José. *As três ilhoas*. São Paulo: Imprensa Latina Ltda., 1990, v. 1.

Guimarães, Lucia Maria Paschoal; Prado, Maria Emilia (org.). *O liberalismo no Brasil imperial: origens, conceitos e prática*. 2. ed. Rio de Janeiro: Revan; UERJ, 2013.

Halbwachs, Maurice. *A memória coletiva*. São Paulo: Vértice; Revista dos Tribunais, 1990.

Iglésias, Francisco. "Minas Gerais". In: Holanda, Sérgio Buarque de. *História geral da civilização brasileira: o Brasil monárquico*. São Paulo: Difel, 1985, t. II, v. 2, p. 364-412.

Jancsó, István (org.). *Brasil: formação do Estado e da nação*. São Paulo: Hucitec; Unijuí; Fapesp, 2003.

Karasch, Mary. *A vida dos escravos no Rio de Janeiro (1808-1850)*. São Paulo: Companhia das Letras, 2000.

Lara, Sílvia Hunold. *Campos da violência: escravos e senhores na capitania do Rio de Janeiro — 1750-1808*. Rio de Janeiro: Paz e Terra, 1988.

Le Goff, Jacques. *História e memória*. Trad. Bernardo Leitão et al. 5. ed. Campinas: Editora da Unicamp, 2003.

Lenharo, Alcir. *As tropas da moderação*. São Paulo: Símbolo, 1979.

Loureiro, C.; Lima, A. F. S. "A reinvenção da história e de memórias acerca da colonização brasileira em *Pau Brasil*: um estudo crítico acerca da recriação da pluralidade de identidades brasileiras pelos modernistas". *Entrelaces*, Fortaleza, ano VI, n. 7 (jan.-jun. 2016), p. 124-42.

Machado, Maria Helena. *Crime e escravidão: trabalho, luta e resistência nas lavouras paulistas — 1830-1888*. São Paulo: Brasiliense, 1987.

_______. *O plano e o pânico: os movimentos sociais na década da Abolição*. Rio de Janeiro: Editora da UFRJ, 1994.

Mahony, Mary Ann. "Um passado para justificar o presente: memória coletiva, representação histórica e dominação política na região cacaueira da Bahia". *Cadernos de Ciências Humanas — Especiaria*, Florianópolis, v. 10, n. 18 (jul.-dez. 2007), p. 737-93.

Maia, Moacir Rodrigues de Castro. *De reino traficante a povo traficado: a diáspora dos courás do golfo do Benin para Minas Gerais (América Portuguesa, 1715-1760)*. Rio de Janeiro: Arquivo Nacional, 2022.

______; Rodrigues, Aldair (org.). *Sacerdotisas voduns e rainhas do Rosário: mulheres africanas e Inquisição em Minas Gerais (século* XVIII). São Paulo: Chão Editora, 2023.

Mamigonian, Beatriz Galotti. *Africanos livres: a abolição do tráfico de escravos no Brasil*. São Paulo: Companhia das Letras, 2017.

______. "A proibição do tráfico atlântico e a manutenção da escravidão". In: Grinberg, Keila; Salles, Ricardo (org.). *O Brasil imperial: 1808-1831*. Rio de Janeiro: Civilização Brasileira, 2009, v. 1, p. 207-33.

Manfio, Dilea Zanotto. "Poesias reunidas de Oswald de Andrade: estudos para uma edição crítica". *Revista de Letras*, São Paulo, v. 30 (1990), p. 43-51.

Martins, Maria Fernanda Vieira. *A velha arte de governar: um estudo sobre política e elites a partir do Conselho de Estado* (1842-1889). Rio de Janeiro: Arquivo Nacional, 2007.

Mattos, Hebe Maria. *Escravidão e cidadania no Brasil monárquico*. Rio de Janeiro: Zahar, 1999.

Mattos, Ilmar Rohloff de. *O tempo saquarema*. Rio de Janeiro: Access, 1994.

Mattos, José Américo Junqueira de. *Família Junqueira: sua história e genealogia*. Rio de Janeiro: Família Junqueira, 2004.

Mehy, José Carlos Sebe Bom; Holanda, Fabíola. *História oral: como fazer, como pensar*. São Paulo: Contexto, 2007.

Meillassoux, Claude. *Antropologia da escravidão: o ventre de ferro e o dinheiro*. Rio de Janeiro: Jorge Zahar Ed., 1995.

Morel, Marco. *As transformações dos espaços públicos: imprensa, atores políticos e sociabilidades na cidade imperial* (1820-1840). São Paulo: Hucitec, 2005.

______. *O período das regências*. Rio de Janeiro: Zahar, 2002.

Needell, Jeffrey D. *The Party of Order: The Conservatives, the State, and Slavery in the Brazilian Monarchy, 1831-1871*. Stanford: Stanford University Press, 2006.

Neves, Lúcia Maria Bastos Pereira das; Machado, Humberto Fernandes. *O Império do Brasil*. Rio de Janeiro: Nova Fronteira, 1999.

Pandolfi, Fernanda Cláudia. "A viagem de d. Pedro I a Minas Gerais em 1831: embates políticos na formação da monarquia constitucional no Brasil". *Revista Brasileira de História*, v. 36, n. 71 (2016), p. 35-55.

Parron, Tâmis Peixoto. *A política da escravidão na era da liberdade: Estados Unidos, Brasil e Cuba, 1878-1846*. Tese (Doutorado em história) — São Paulo: FFLCH-USP, 2015.

______. *A política da escravidão no Império do Brasil, 1826-1865*. Rio de Janeiro: Civilização Brasileira, 2011.

Patterson, Orlando. *Escravidão e morte social: um estudo comparado*. São Paulo: Edusp, 2008.

Pirola, Ricardo. *Escravos e rebeldes nos tribunais do Império: uma história social da lei de 10 de junho de 1835*. Rio de Janeiro: Arquivo Nacional, 2015.

______. *Senzala insurgente: malungos, parentes e rebeldes nas fazendas de Campinas* (1832). Campinas: Editora da Unicamp, 2011.

Pollak, Michael. "Memória, esquecimento, silêncio". *Estudos Históricos*, Rio de Janeiro, v. 2, n. 3 (1989), p. 3-15.

______. "Memória e identidade social". *Estudos Históricos*, Rio de Janeiro, v. 5, n. 10 (1992), p. 200-12.

Portelli, Alessandro. *Ensaios de história oral*. São Paulo: Letra e Voz, 2010.

Reis, João José. *Rebelião escrava no Brasil: a história do levante dos Malês em 1835*. Ed. rev. e amp. São Paulo: Companhia das Letras, 2003.

Ribeiro, Gladys Sabina. *A liberdade em construção: identidade nacional e conflitos antilusitanos no Primeiro Reinado*. Rio de Janeiro: Relume--Dumará; Faperj, 2002.

Ribeiro, João Luiz. *No meio das galinhas as baratas não têm razão: a lei de 10 de junho de 1835 — os escravos e a pena de morte no Império do Brasil, 1822-1889*. Rio de Janeiro: Renovar, 2005.

Rios, Ana Lugão; Mattos, Hebe Maria. *Memória do cativeiro*. Rio de Janeiro: Civilização Brasileira, 2005.

Rodrigues, Aldair; Lima, Ivana Stolze; Farias, Juliana Barreto (org.). *A diáspora mina: africanos entre o golfo do Benim e o Brasil*. Rio de Janeiro: Nau Editora, 2021.

Sevcenko, Nicolau. *Orfeu estático na metrópole: São Paulo: sociedade e cultura nos frenéticos anos 20*. São Paulo: Companhia das Letras, 1992.

Silva, Wlamir. *Liberais e povo: a construção da hegemonia liberal-moderada na província de Minas Gerais (1830-1834)*. São Paulo: Hucitec; Belo Horizonte: Fapemig, 2008.

Slenes, Robert. *Na senzala, uma flor: esperanças e recordações na formação da família escrava — Brasil Sudeste, século XIX*. Rio de Janeiro: Nova Fronteira, 1999.

Soares, Mariza de Carvalho. "Mina, Angola e Guiné: nomes d'África no Rio de Janeiro setecentista". *Tempo*, Niterói, v. 3, n. 6 (1998), p. 73-93.

______. *Devotos da cor: identidade étnica, religiosidade e escravidão no Rio de Janeiro do século XVIII*. Rio de Janeiro: Civilização Brasileira, 2000.

Sontag, Ricardo. *"Código negro"? O regime jurídico excepcional de controle dos escravos no Brasil (1830-1888)*. São Paulo: Editora Dialética, 2024.

Souza, Alan de Carvalho. "A insurreição escrava de 1838 fruto da instabilidade política/econômica e senhorial?". *Mosaico*, Vassouras, v. 13, n. 3 (2022), p. 65-79.

______. "Revolta de escravizados na ilha de Santiago: fragilidade e inconsistência governativa em Cabo Verde (1835)". *Mosaico*, Vassouras, v. 12, n. 1 (2021), p. 37-47.

Trouillot, M. R. *Silenciando o passado: poder e a produção da história*. Trad. Sebastião Nascimento. Curitiba: Huya, 2016.

Vainfas, Ronaldo (dir.). *Dicionário do Brasil imperial* (1822-1889). Rio de Janeiro: Objetiva, 2002.

Vellasco, Ivan de Andrade. *As seduções da ordem: violência, criminalidade e administração da justiça — Minas Gerais, século* 19. Bauru (SP): Edusc; ANPOCS, 2004.

Youssef, Alain El. *Imprensa e escravidão: política e tráfico negreiro no Império do Brasil* (*Rio de Janeiro*, 1822-1850). São Paulo: Intermeios; Fapesp, 2016.

CRÉDITOS DAS ILUSTRAÇÕES

p. 6-7, 17, 169, 175, 177: Arquivo Histórico do Instituto do Patrimônio Histórico e Artístico Nacional (IPHAN) — Seção São João del-Rei

p. 116-17: Arquivo Histórico Ultramarino

p. 132, 133, 136-37, 147: Arquivo Eclesiástico da Diocese de São João del-Rei — Catedral Basílica de Nossa Senhora do Pilar

p. 134, 204, 205: Lilo e Marcos Ferreira de Andrade

p. 135, 148: Arquivo Público Mineiro

p. 178, 179: Acervo Museu Histórico Nacional/Instituto Brasileiro de Museus. Reprodução fotográfica: Jaime Acioli

p. 180: Johann Moritz Rugendas. *Voyage Pittoresque dans le Brésil*. Paris, 1835. Acervo Slavery Images

p. 198: Acervo Instituto de Estudos Brasileiros da Universidade de São Paulo (IEB-USP)

p. 202: Acervo Família Junqueira

p. 203: Igreja Matriz de São Tomé das Letras. Reprodução fotográfica: acervo particular de Fernanda Tozzo Machado e Raquel Teixeira

Este livro foi composto em Freight text em abril de 2025.